Das Buch

Neukölln reloaded: Uli Hannemann schildert kuriose, abseitige und wunderliche Alltagserlebnisse aus dem Paradies des Prekariats. Mal bissig, mal ironisch, aber vor allem klirrend komisch erzählt er von nervtötenden Behördengängen, von Eklats im Supermarkt oder exponiertem Sex in der U-Bahn. So viel ist klar: Das Leben im Berliner Kultkiez kann gar nicht langweilig werden!

Der Autor

Uli Hannemann, Jahrgang 1965, lebt und arbeitet seit vielen Jahren in Berlin-Neukölln. Er ist Mitglied der Berliner Lesebühne »LSD – Liebe statt Drogen« sowie der »Reformbühne Heim & Welt« und veröffentlicht regelmäßig Satiren und Glossen in der taz. Sein erstes Buch *Neulich in Neukölln* verkaufte sich in Neukölln besser als jeder Harry-Potter-Band.

Von Uli Hannemann sind in unserem Hause außerdem erschienen:

Neulich in Neukölln. Notizen von der Talsohle des Lebens

Neulich im Taxi. Notizen vom zweitältesten Gewerbe der Welt

Uli Hannemann

Neukölln, mon amour

Anekdoten vom Boden der Tatsachen

Ullstein

Besuchen Sie uns im Internet:
www.ullstein-taschenbuch.de

Originalausgabe im Ullstein Taschenbuch
1. Auflage November 2011
© Ullstein Buchverlage GmbH, Berlin 2011
Umschlaggestaltung und Gestaltung des
Vor- und Nachsatzes: Sabine Wimmer, Berlin
Umschlagmotiv: Isabel Klett
Satz: LVD GmbH, Berlin
Gesetzt aus der Excelsior
Papier: Munken Print Cream
von Arctic Paper Mochenwangen GmbH
Druck und Bindearbeiten: CPI – Ebner & Spiegel, Ulm
Printed in Germany
ISBN 978-3-548-28330-2

Inhalt

Vorwort

In den drei Jahren seit Veröffentlichung meiner ersten Kiezfibel »Neulich in Neukölln« hat sich in der Hochburg des Prekariats auf den ersten Blick nicht allzu viel verändert. Stolz knattert auf dem Dach von Karstadt, dem heimlichen Rathaus des Bezirks, die blaue Fahne im Wind und kündet von ewiger Macht und Blüte. Kaum zu glauben, dass aus dem Traditionskaufhaus um ein Haar der größte Billigladen der Welt geworden wäre. Doch die Krise wurde gemeistert. Zum Glück geht es wieder aufwärts mit der Wirtschaft in Bezirk, Stadt und Land. Und so blicken die Neuköllner beruhigt zu ihrer Karstadt-Flagge hoch und tragen es mit Gleichmut und Fassung, dass der Aufschwung an den meisten von ihnen vorübergeht.

Immerhin konnte ja die Hundekotproduktion zuletzt nochmals leicht gesteigert werden: Sie beträgt nun im Monatsmittel 1,73 Tonnen pro Hektar – das sind nahezu zehn Prozent des Gesamtausstoßes der EU. Riesigen Dohlen in Jogginganzügen nicht unähnlich, bewegt sich die Bevölkerung mit lustigen kleinen Hüpfschritten zwischen all den Haufen auf dem Bürgersteig.

Wie vertraut mir dieser Anblick mittlerweile ist! Denn nach fünfundzwanzig Jahren bin selbst ich allmählich in meiner Wahlheimat angekommen. Dazu passt eine kleine Anekdote, die ich im allerersten Augenblick sogar als beleidigend empfand:

Ich entsorgte gerade einige Hundert Weinflaschen, die sich, selbstverständlich über mindestens ein halbes Dutzend Tage hin, im Haushalt angesammelt hatten, im Altglascontainer. Weil der Container praktisch direkt vor meiner Haustür steht, trug ich nur eine alte Jogginghose und Badelatschen sowie einen markanten Bluterguss am linken Auge – die Folge eines missglückten Kopfballduells beim Fußballspielen. Eine mir fremde Dame beobachtete das Ganze und sprach mich nach kurzem Zögern an: »Können Sie mir weiterhelfen? Sie sehen so aus, als ob Sie sich hier auskennen.«

Doch natürlich hatte sie recht. Ich habe mich angepasst. Integration ist für mich nun mal kein leerer Kampfbegriff aus der Mottenkiste der Zuwanderungspolitik. Ich stehe jeden Tag früh auf, gehe früh in die Kneipe und früh wieder zu Bett. Zu Weihnachten hänge ich psychedelische Leuchtgirlanden in die Fenster, zu Silvester schieße ich mit schweren Seenotrettungsraketen auf alles, was sich bewegt, und jeden Morgen studiere ich am Eierkuchen-Imbiss vor Karstadt gründlich die Bild-Zeitung.

Darin fabuliert Chefkolumnist Wagner, dass er nur mit Leibwächtern unbeschadet durch Neukölln gehen könne: »Wenn Sie da jemanden angucken, dann sagt er: Scheißdeutscher, was du gucken, einen in die Fresse, besser du tot als ich.«

Merkwürdig. So kenne ich das gar nicht. Zum einen können die meisten hier dann doch immer noch besser Deutsch sprechen als Wagner schreiben. Und zum anderen halten mir die Dealer, die im Hauseingang herumlungern, mitten in der Nacht bereitwillig die Tür auf, wenn ich mit verbundenem Arm versuche, mein Fahrrad ins Haus zu wuchten. Auch an Genesungswünschen lassen sie es dabei nicht fehlen. Hätte um die Uhrzeit noch ein Blumengeschäft geöffnet, wäre ich gewiss nach jedem dieser Anlässe um einen frischen Strauß rosa Nelken reicher.

Herr Wagner war spürbar niemals hier. Doch von einem rein professionellen Standpunkt aus schätze ich seinen freigeistigen Ansatz durchaus: Schließlich ist Recherche nichts als eine Hilfskonstruktion für Anfänger, die sich verkrampft an banale Tatsachen klammern. Ein guter Autor benötigt solche lächerlichen Stützräder nicht. Er ist ein Hochseilartist der Worte, der ohne das feige Netz der Realität auskommt. Kein Wunder, dass ich selber ähnlich vorgehe – nur am Volksverhetzungsfaktor muss ich noch arbeiten, doch der verstärkt sich gewiss mit dem Alter, das bekanntlich Angst und Bockigkeit zu schüren pflegt.

Seriöse Zeitungen sind mir jedenfalls zu langweilig; öde Bleiwüsten für Besserwisser und bebrillte Buchstabenschlucker. Hingegen liebe ich Science-Fiction, Fantasy, die Bibel, die *Bild* und *Walt Disney's Lustige Taschenbücher*. Im Übrigen war auch Karl May erst in Amerika, als er *Winnetou* längst fertig hatte – vielleicht schafft es Herr Wagner eines Tages doch noch nach Neukölln.

Wenn ich die Zeitung ausgelesen habe, gehe ich nach Hause und schaue aus dem Fenster. Sämtliche Fensterbänke habe ich mit weichen Kissen versehen, damit ich den ganzen Tag gemütlich rausgucken kann, ohne mir die Ellbogen zu verbeulen. Da draußen ist nämlich immer doll was los.

Es sind freilich stets dieselben altbekannten Akteure, die dort unten vorüberziehen, Hauptdarsteller und Statisten eines nicht enden wollenden Straßentheaters: Der einsame Fahrraddemonstrant mit Helm, Mundschutz und Flötenmusik aus dem Rekorder, der immer exakt zur selben Stunde auftaucht. Pünktlich um 16 Uhr dann der fäusteschwingende Fanatiker, der stakkatoartig »Allah, Allah« skandiert (könnte aber auch »Anal, Anal« oder »Alaaf, Alaaf« sein – so genau kann ich das von hier oben nicht verstehen) und sich strammen Schritts den immer gleichen Weg durch eine routiniert zurückweichende Menge bahnt. Kurzzeitig übertönt das Geschrei sogar das »Biihtä, biithä, biithä« der Bettlerin, die auf ihrem Stammplatz vor den Altglascontainern sitzt und den Soundtrack zu diesem merkwürdigen Film liefert. Kaum ist der Fäusteschwinger um die Ecke verschwunden, wird es Zeit für den allabendlichen Auftritt des roten Männleins, einer ganz in Rot gekleideten Gestalt (inklusive Hut und Regenschirm), die in einer Attitüde irgendwo zwischen Poe'scher Todesahnung und *Wenn die Gondeln Trauer tragen* vorüberschwebt. Selbst die muskelbepackten Hassköter, die ihre blassen Bürschchen auf dem Bürgersteig hinter sich herzerren, weichen dem Roten winselnd aus: Längst spürt das Tier, was der Mensch noch lange nicht begreift.

Nicht alles, was dort unten vor sich geht, ist auf den ersten Blick spektakulär. So fällt der freundliche alte Mann, der von früh bis spät vor seinem Ramschladen sitzt, zunächst kaum weiter auf. Dabei ist er der heimliche König der Gegend. Seine so simple wie geniale Verkaufsstrategie: Industrie- und Holzabfälle aller Art mit absurden Phantasiepreisen zu versehen und sie wie großartige Sonderangebote in und vor seinem »Laden« zu präsentieren. Nicht wenige Passanten lassen sich gerade von diesen Preisen blenden: Irgendein geheimnisvoller Wert muss doch schließlich hinter dem original 90er-Jahre-Klappstuhl aus der Teppichdomäne stecken – Ladenpreis neu: zehn Euro. Hier »nur 39,99«.

Seit Jahr und Tag sitzt der König da und lauert auf Kundschaft. In weitaus geringerer Frequenz wiederholen sich andere Ereignisse vor meinem Fenster: je einmal im Jahr der »Karneval der Kulturen« und der »Berlin-Marathon«, häufiger, jedoch unregelmäßiger, ein Autounfall, eine Klopperei oder ein Handtaschenraub. Wirklich langweilig wird es jedenfalls nie.

Freilich gibt es auch in Neukölln Veränderungen. Eine davon ist die kürzliche Schließung des Flughafens Tempelhof. Die Neuköllner weinen ihm keine Träne nach, war ihnen doch ein Airport, der weder Flüge in die Türkei noch nach Mallorca anbietet, stets suspekt gewesen. Zudem wurde das Flughafengelände für die Bevölkerung geöffnet und dient nunmehr als weitere dringend benötigte Ablagefläche für Hundekot.

Nach den berühmten Neuköllnern Frank Zander, Lotte Ulbricht und Carsten Ramelow hat nun auch der gestrenge Vater des Bezirks Berühmtheit erlangt: Bürgermeister Heinz Buschkowsky ist mittlerweile zum Medienstar gereift. Als Experte für Integration, Migration und Paramigration wird der knorrige Realpolitiker am goldenen Nasenring durch sämtliche Talkshowarenen des Landes gezerrt. Dort brummt er das Hohelied auf ein Miteinander durch Gegeneinander.

Die größte Veränderung der letzten Jahre ist jedoch die schleichende Gentrifizierung. Besonders im äußersten Norden des Bezirkes beginnt sich einiges zu ändern: Die Krake Kreuzberg greift mehr denn je mit ihren giftigen Tentakeln aus Hostels, Bars und Kneipen nach dem angrenzenden Territorium zwischen Kottbusser Damm und Maybachufer. Entlang den Straßen, durch die bis vor kurzem noch getorkelt oder bestenfalls gelatscht wurde, wird heute schon flaniert. Sogar einen eigenen Namen besitzt das flotte Ungetüm inzwischen: »Wer Kreuzkölln sagt, liegt im Trend«, behauptet die Filmkritikseite *critic.de*. »Wer ›Kreuzkölln‹ sagt, lügt sich ins Hemd«, ließe sich erst recht behaupten, »und schämt sich, ›Neukölln‹ zu sagen, weil ihm das nach wie vor zu sehr nach Eckkneipe, Hartz IV und Jogginghose klingt statt nach dem, was, wie und wo der Schämer gerne wäre.« Neukölln bekommt jedenfalls einen neuen, bunteren Anstrich. Hoffen wir, dass es daran nicht irgendwann erstickt.

Ob und wie sich das neue mit dem alten Neukölln verträgt, ist aber nur eines von vielen Themenfeldern, die das vorliegende Buch beackert. Sie erfahren auch ganz andere Dinge: über die Abwehr ortsfremder Eindringlinge bereits am Flughafen Schönefeld, inquisitionsähnliche Zustände in Neuköllner Arztpraxen, Etikettenschwindel im Tierpark Neukölln, grauenhafte Eklats im Supermarkt, exponierten Sex in der U-Bahn, unliebsame Überraschungen beim Joggen im Park, wunderliche Dealer im Hauseingang und vieles andere mehr.

Kurz und gut: Neukölln bleibt ein niemals versiegender Quell absurder Abenteuer aus tausendundeiner Perspektive. Welcome back to New Cologne! El Gran Turismo en Nueva Colonia! Herzlich willkommen zurück in Neukölln!

Fremder, kommst du nach Schönefeld

Als ich aus der Ankunftshalle komme und mich dem Bussteig nähere, höre ich schon von weitem den Fahrer des 171ers nölen, der über Rudow zum Hermannplatz fährt.

»Ick sag Ihn' do', dit jeht ni'! Ick kann Ihn' hier keene Blankotickets ausjehm, dit kommt hier so raus mit Tagesstempel und Uhrzeit – ferti', finito!«

Ein junger Amerikaner dreht sich mit hochrotem Kopf zur bereits beträchtlich angewachsenen Schlange: »I just asked him to sell me two tickets: one for now, and one for my friend tomorrow!« Er weint fast.

Weine nur, kleiner Amerikaner! In Mexiko wurdest du ausgeraubt, in England im eiskalten Regen von besoffenen Mädchen im Minirock verprügelt und vollgepinkelt, und in Thailand hat dich der Tuktuk-Fahrer statt zum Busbahnhof zur Schneiderei seines Schwagers gefahren. Das alles erweist sich nun als lächerlicher Aufgalopp für die große Prüfung, die hier auf dich wartet – in Gestalt eines Neuköllner Busfahrers am Flughafen Schönefeld.

Doch da muss der US-Tourist jetzt durch. Wenn er es an diesem schäumenden Zerberus vorbeischafft, der hier auf märkischem Boden vor den Toren Neuköllns den Höllenschlund zu ebendiesem Bezirk der Bezirke bewacht, kann ihm nichts auf der Welt mehr etwas anhaben. Dann hat er auf jeden Fall das Schlimmste hinter sich.

Klar gibt es auch Länder, in denen man auf Schritt und Tritt mit scharfer Munition beschossen, in Kochtöpfe gesteckt oder mit verfaultem Hering vergiftet wird. Aber da weiß man wenigstens, woran man ist. Das ist auf seine Weise viel ehrlicher und fairer – lässt die klare Ansage »Hau ab! Betreten verboten! Du bist hier nicht erwünscht!« doch keine Fragen offen.

Sicher würde der Busfahrer das ja auch mit genau diesen Worten sagen, wenn er denn Englisch könnte. Kann er aber nicht.

»Jetze jehnse do' endli' weiter«, schnauzt er. »Ick will no' irntwamma losfahn. Dit jeht ni', wat se hier wolln, sarick do', finito!«

Das Wort »finito« benutzt er immer, wenn er mit Ausländern spricht. Das ist das einzige Wort Ausländisch, das er kann. Im Grunde muss er das nicht verwenden. Was für ein immenser zusätzlicher Aufwand! Und wer soll den bezahlen?

Der Fahrer der parallel verlaufenden Expresslinie X7 soll ja angeblich ein paar Worte Englisch können, diese undeutsche Schwuchtel. Warum fahren solche Fremdlinge, die mit ihrem Hottentottenkauderwelsch alles durcheinanderbringen, eigentlich nicht mit dem? Das ist schließlich der reguläre Flughafenbus und nicht sein gemütlicher 171er mit dem herrlich sinnlosen Schnörkel zum Bahnhof Schönefeld sowie den weiteren ungenutzten Halten Schönefeld/Waltersdorfer Chaussee, Stadtgrenze Rudow, Lieselotte-Berger-Straße, Narkauer Weg, Ostburger Weg, Neuhofer Straße und Eichenauer Weg, bis endlich der zwei Kilometer entfernte U-Bahnhof Rudow erreicht ist. Diejenigen Eindringlinge, bei denen es ihm nicht schon am Einstieg gelingt, sie aus seinem schönen 171er zu verbellen, schaukelt er oft eine ganze Dreiviertelstunde weiter bis zur Endstation am Hermannplatz. Nur weil sie – mein Gott, sind die blöd! – nicht schnallen, dass sie hier in die dreimal schnellere U-Bahn umsteigen müssen. Er sagt das jedenfalls nicht an – er ist doch kein Showmaster!

Einige Fahrgäste schütteln den Kopf: Sie scheinen sich für ihr Land, ihre Stadt und ihre Leute zu schämen. Andere wiederum schämen sich überhaupt nicht und grinsen stumm in sich hinein. Sie sind sichtlich stolz auf diesen Repräsentanten feinster Neuköllner Folklore nach dem Motto »Schnauze statt Herz«.

Ich wähle den Mittelweg, zeige dem College-Boy einen unweit postierten Fahrkartenautomaten, und zum Glück zieht er ohne ein weiteres Wort ab. Schließlich wollen wir alle schnell in die Stadt, und ich möchte nicht, dass der Busfahrer in blinder Wut einen Unfall baut. Es ist wohl ohnehin für alle besser, der Junge findet den Weg wieder ins Abfertigungsgebäude und sucht sich einen Flug dahin zurück, wo er hergekommen ist.

Doch selbst mit Einheimischen drohen Eklats: Vor mir legt doch tatsächlich ein offenbar Geistesgestörter zwei Euro zehn auf das Zahlbrett.

»Dit is hier Tarifjebiet C!«, brüllt die geschundene Dienstseele. »Dit macht zwo achzi'! Dit kann do' allet ni' so schwer sein!«

Endlich bin ich dran. Souverän präsentiere ich die abgezählten zwei Euro achtzig, um leider gleich darauf mit einem schweren Aussetzer alles wieder kaputtzumachen: Es ist wohl eine Art Kurzschluss im Gehirn, der mich aus unerfindlichen Gründen fragen lässt, ob es Sinn mache, auf den schnelleren X7 zu warten?

»Weeß ick ni'«, belfert er böse, um dann überraschend eine kostenlose Zusatzinformation preiszugeben: »Kommt druff an, wann der fährt.«

Natürlich. Darauf kommt es an. Wie dumm von mir. Verlegen kichere ich in mich hinein. Jetzt löchere sogar ich ihn schon mit blöden Fragen wie ein gottverdammter Ausländer. Woher soll der arme Mann denn wissen, wann hier die Busse abfahren? Behutsam setze ich mich auf meinen Platz und blicke stumm aus dem Fenster, wo in diesem Moment von hinten der X7er vorbeizieht.

Maßarbeit

Ich habe es eilig, der alte Mann vor mir nicht. Auch mit Unterstützung seiner links und rechts den Rumpf verbreiternden Einkaufsbeutel schafft er es, durch taktisch kluges Getaumel den Bürgersteig, der breit genug für drei wäre, quasi hermetisch abzuriegeln.

Zunächst ärgere ich mich noch. Ich versuche es links vorbei, ich versuche es rechts vorbei – keine Chance. Langsam packt mich ehrliche Bewunderung.

Klar hat er hinten keine Augen im Kopf, doch spätestens nach zwei Minuten wird offensichtlich, dass die scheinbar altersbedingte Bewegungseinschränkung in Wahrheit eine in allen Einzelheiten durchgeplante und perfekt durchchoreographierte Schikane ist. Dadurch, dass ich auch noch mein Fahrrad schiebe, bin ich zu unbeweglich, um links anzutäuschen und rechts mit einem schnellen Panthersprung vorbeizusetzen. Er spürt das. Seine Sinne sind schwach, aber seine Instinkte umso stärker. Er spürt mich hinter sich, spürt meine Ungeduld, weiß von dem Fahrrad in meiner Hand. Blitzschnell berechnet er im Kopf jeden seiner nach außen hin so unbeholfen wirkenden Schritte.

Sicher, das Alter hat ihn langsam und unbeweglich gemacht, doch der Bürgersteig ist an dieser Stelle gerade schmal genug, dass auch er ihn komplett kontrollieren kann. Das erfordert natürlich Maßarbeit. Sein schwerfälliges Schwanken und seine niedrigfrequenten Schlangenlinien reichen nur dann aus, den Fußgängerstrom hinter ihm völlig zum Erliegen zu bringen, wenn er es geschickt genug anstellt. Und er stellt es geschickt an. Schließlich besitzt er jahrelange Übung im Behindern – es ist die einzige Freude, die ihm noch bleibt.

Irgendwann trennen sich zum Glück unsere Wege und ich biege ab, während er geradeaus weiterhumpelt, einen Rattenschwanz drängelnder und fluchender Passanten hinter sich herziehend wie ein grauer Komet seinen Schweif. Bewundernd blicke ich ihm hinterher. Wenn es mir in seinem hohen Alter noch gelingen sollte, derart viele negative Emotionen bei so vielen Menschen zu wecken, wäre ich schon mehr als zufrieden.

Ich denke aber, dass er bald Feierabend machen wird, denn dieses gezielte Taumeln und Schwanken erfordert permanent höchste Konzentration und ist daher wahnsinnig anstrengend. Es darf ja keiner durchschlüpfen. Ist erst mal ein Leck entstanden, bricht bald der ganze Damm – das weiß der alte Mann aus langjähriger Erfahrung.

Er wird nun heimgehen in sein Mietshaus, das außer ihm inzwischen von lauter jungen Zugezogenen bewohnt wird, und dort die »Treppennummer« abziehen. Zwar wohnt er nur im Hochparterre, doch das genügt, um zusammen mit den Einkaufsbeuteln im Zickzack stundenlang die Treppe zu blockieren. Die Zugezogenen über ihm lassen außen an der Fassade deshalb einen Fahrstuhl bauen, doch es dauert noch, bis der fertig ist, und so lange sind die oberen Etagen im Grunde nur beschränkt bewohnbar.

Wenn er dann am Ende in seiner Wohnung ist, stellt der alte Mann die Einkaufsbeutel in die Ecke, die nur mit Knäueln von Zeitungspapier gefüllt sind. Er braucht die Attrappen lediglich zum Wegversperren. Echte Einkäufe wären zu diesem Zweck doch viel zu schwer. Ein Mindestmaß an Beweglichkeit muss er sich für sein mühseliges Tagwerk schon erhalten.

In seinem Sessel in der guten Stube erinnert er sich gern an seine größte Zeit: damals, 1945, wie er als junger Panzerfahrer ganz alleine auf dem Rückzug die Rote Armee aufgehalten hat. Mit seinem kaputten Panzer ist er im ersten Gang unter ständigem Beschuss so langsam vor den Russen kreuz und quer gefahren, dass er die Kapitulation des Deutschen Reichs damit um mindestens zwei Monate hinausgezögert hat. Das kostete zwar Hunderttausende zusätzliche Menschenleben, doch wo gehobelt wird, fallen Späne.

Der alte Mann schläft schließlich ein. Er sammelt Kraft für den nächsten Tag. Da muss er früh raus, wenn die Kinder zur Schule gehen und die Erwachsenen zur Arbeit. Das ist die beste Zeit. Da muss er wieder auf der Piste sein.

Schule des Lebens

Dass die diese Show auch ausgerechnet immer dann abziehen müssen, wenn ich eilig zum Flughafen muss: Zwei Eltern versuchen ihrem Kind, das noch kaum stehen oder sprechen kann, das Fahrscheinkaufen für die U-Bahn beizubringen. Alle anderen Automaten auf dem Bahnsteig sind selbstverständlich kaputt.

Der didaktische Offenbarungseid ist derart absurd, dass man eigentlich lachen müsste, wenn man nicht gerade töten wollte: Die Erziehungsberechtigten drücken zunächst wie Puppenspieler die kleinen Patschhändchen des Mädchens einzeln auf den von Speiseeis und Streptokokken klebenden Touchscreen. Bereits diesen Vorgang müssen sie mehrmals wiederholen, da entweder der Druck des Kindes nicht reicht oder das kleine Patschehändchen auf dem Bildschirm verrutscht. Es kann noch gar nicht wissen, was es hier tut. Dennoch reden seine Erzeuger in einem fort erklärend auf es ein. Die sprechen zu Hause bestimmt auch mit den Zimmerpflanzen.

Leidend brumme ich vor mich hin, während hinter meinem Rücken noch Verzweifeltere vorbeihasten, den Zug ohne gültiges Ticket betreten und spätestens drei Stationen weiter gefangen werden. Viele können sich das erhöhte Beförderungsentgelt nicht leisten. Sie kommen ins Gefängnis. Dort werden sie von fiesen Raubkopierern mit giftiger Tinte tätowiert und anschließend im Duschraum vergewaltigt. Am Ende sterben sie, ohne das Licht der Freiheit jemals wiedergesehen zu haben. Da warte ich doch lieber noch ein bisschen.

Das Kind hat sich ein weiteres Mal vertan. Die Eltern zeigen ihm das Korrektursymbol: »Schau mal, wenn dir einfällt, dass du doch lieber eine andere Karte haben möchtest, zum Beispiel ein ABC-Ticket, das gilt dann bis zum Flughafen Schönefeld …«

Ach, Schönefeld! Noch eine Stunde, bis dort für mich der Schalter schließt.

»… oder vielleicht willst du ja auch ein Tagesticket, schau mal, hier, oder eine Viererkarte …«

Eine Viererkarte! Wozu braucht ein Baby, das kaum unfallfrei ins Töpfchen kacken kann, um Gottes willen eine Viererkarte? Ich kann nicht mehr. »Hallo«, schreie ich. »Hallo, Sie! Das ist hier kein Daddelautomat für Kleinkinder, sondern ein wichtiges Gerät für berufstätige Erwachsene, die dringend von A nach B oder sogar C müssen. Die Wirtschaft liegt brach, und das Land steht still, weil Sie hier die Logistik lahmlegen, nur um öffentlich die ungenügende Reife ihrer Brut vorzuführen. Leute wie Sie müsste man im Grunde auf der Stelle abknallen, müsste man …«

Ganz laut schreie ich. Allerdings nur tief in mich hinein. Nach außen bleibe ich hingegen stumm und lasse resigniert die Ärmchen hängen, wie ein ängstliches Papageientaucherküken, bevor ihm die Mama in den Bürzel tritt, damit es von der Klippe fliegt – ein sehr großes und sehr graues Papageientaucherküken.

Das ist sicher ein wahnsinnig niedlicher Anblick, doch was hilft mir das jetzt? Ich wäre gerade lieber wahnsinnig böse als wahnsinnig niedlich. Wahnsinnig werde ich immerhin schon – das spüre ich deutlich.

Als Nächstes lassen sie ihr Kind die Münzen in den Schlitz stecken. Das war mir klar, das gehört zum Standard in diesem Affentheater. Im Schnitt dauert die Nummer weitere drei Minuten, hier fünf. Für solch ein unkoordiniertes Gefummel hätte man selbst einen Schimpansen mit Schimpf und Schande eingeschläfert. Wenigstens haben die Eltern die beifallheischenden Seitenblicke auf mich, ihr Publikum, inzwischen eingestellt. Kein Wunder, übertönt mein wütendes Zähneknirschen doch bei weitem das Rumpeln und Quietschen der einfahrenden Bahnen.

Nun hebt der Papa das Gör von der Bildschirmebene herab, damit es, haha, sehen kann, wie unten die Fahrkarte ins Ausgabefach fällt. Und danach – »Hör mal, haha, wie lustig!« – das Wechselgeld in den Schacht klappert: Was für ein großes Abenteuer für ein kleines Kind!

Die Klappe zur Ausgabe ist zu schwer, die Mutter muss behilflich sein, um sie zu lüften. Hinter mir hat sich nun doch eine lange Schlange schweigender und leichenblasser Menschen angesammelt. Keiner von ihnen wirkt, als hätte er auch nur die geringste Hoffnung auf ein Morgen.

Mit ungeschickten Fäusten fischt das Kindlein nach den Münzen. Jede zweite fällt dabei zurück, jede erste auf den Boden vor dem Automaten. Die Schwächsten in der Schlange legen sich zum Sterben nieder. Im

Angesicht des Todes entgleitet den Eltern sogar der Hauch eines entschuldigenden Lächelns.

Darauf habe ich gewartet. »Das macht doch gar nichts«, sage ich mild. »Ich muss auch gar nicht immer verreisen. Vielleicht möchte Ihre Kleine gerne auch meinen Fahrschein ziehen?«

Badespaß

Kurze Tage, trübes Wetter, wenig Licht: Freund Ethanol macht Überstunden als seelisches Enteisungsmittel. Nun, jedem das Seine – zumindest tagsüber gehe ich persönlich lieber zum Schwimmen. Das macht fit, beruhigt und bringt gute Laune. Zumindest hinterher. Der Nachteil ist, dass man zuvor erst noch schwimmen muss, und das obendrein im Hallenbad.

In der Herrenumkleidekabine des Stadtbads Neukölln ist am Mittag nicht viel los. Während ich mich ausziehe, schlurft eine verhärmte Frau herein, kramt im Müll, rafft liegen gebliebene Handtücher zusammen und durchsucht die Rückgabeschlitze der offenen Kleiderspinde nach vergessenen Eineuromünzen. So wortlos, wie sie gekommen ist, verschwindet sie auch wieder. An die Türinnenseite eines Spindes hat jemand mit schwarzem Filzer »Mutter« geschrieben. Anklage, Hilferuf, Erinnerung? Oder war das gerade besagte Mutter? Das Stadtbad gibt seine Geheimnisse niemals preis.

Meine Brille liegt jetzt im Schrank bei den Klamotten, so dass ich etwas hilflos die Treppe zum Badebereich hinuntertapere. »Der einzige Wolf, der backen kann; der einzige Maulwurf, der baden kann«: In meinem Kopf reihen sich die Assoziationen aneinander wie wertlose Perlen an einer hässlichen Schnur.

»Könntest du schwimmen, wie Maulwürfe es tun …« Unter der Dusche variiere ich »Heroes«, den großen Song von David Bowie. Bevor man ins Wasser geht, soll man hier nämlich duschen, und beim Duschen singe ich nun mal gern. Der Typ neben mir räuspert sich genervt. Dabei kann der wirklich ganz still sein. Seine Mordsbiertitten bei kaum eins sechzig Körpergröße stechen mir sogar ohne Sehhilfen ins Auge. Ich glaube, ich sage ihm das mal.

Ungefähr zwölf Sekunden später habe ich mich eilig entschuldigt, die Badehose angezogen, Handtuch und Seife eingepackt, die Damendusche verlassen, die Herrendusche betreten, die Badehose ausgezogen, Handtuch und Seife ausgepackt sowie das Duschen und Singen wiederaufgenommen: »… wie Maulwürfe es tun. Niemand gibt uns eine Chance …« Die Laune lasse ich mir durch meinen kleinen Fauxpas längst nicht verderben.

Im Bad lasse ich mich wohlgemut zu Wasser. Vor Haien braucht man hier keine Angst zu haben, denn der Mensch ist der einzige Fisch, der länger als fünf Sekunden in gechlortem Wasser überleben kann. Dafür muss man sich umso mehr vor den anderen Menschen in Acht nehmen. Denn sobald man sich eine Bahn mit mehr als einem Schwimmer teilt, wird einem das Leben zur Hölle gemacht. Normalerweise sollten alle möglichst gegen den Uhrzeigersinn die Bahn rechts hoch schwimmen und auf der linken Seite zurück; wer schneller ist, überholt – so gibt es wenigstens keine Frontalzusammenstöße.

Das ist die Theorie, doch die Praxis sieht anders

aus: meterhohe Wasserfontänen, schäumende Gischt und rasendes Sprudeln. Im ersten Moment vermute ich einen Großsäuger vor mir, der beim Durchqueren einer Furt von Tausenden Piranhas in Sekundenschnelle bis auf die Knochen abgenagt wird. Doch es ist nur wieder so ein Kampfkrauler: einer dieser Hektiker, die überhaupt nicht kraulen können, aber es dennoch leidenschaftlich gerne tun, um dann alle zwei Bahnen schnaufend über dem Beckenrand zu hängen. Als wäre das noch nicht genug, bin ich obendrein mit der klassischen Antipodin des Kampfkraulers gestraft, der notorischen Planschkuh. Die ist noch gefürchteter als die drei weiteren Prototypen: der Spaßtürke, die Sportmaus und der Elende. Wie ein ertrinkendes Stück Holz treibt die Planschkuh, meist in Rückenlage, in schwer berechenbaren Schlangenlinien vor mir her. Ich glaube, dass es eine »Sie« ist, denn mehr als einen schemenhaften Badeanzug kann ich durch die beschlagene Chlorbrille nicht erkennen. Seit dem Theater vorhin in der Dusche bin ich mit meinen Zuordnungen vorsichtig geworden.

Zu allem Unglück verliere ich die Planschkuh auch noch aus den Augen. Ich weiß nicht mehr: Ist sie vor mir, ist sie hinter mir, kommt sie mir entgegen? Angestrengt spähe ich durchs trübe Nass, ein U-Boot, das die Orientierung verloren hat und von einem Schlachtschiff gejagt wird.

»Schrapp, schrapp, schrapp« höre ich die Planschkuh näher kommen, Arme und Beine wild ausschlagende, todbringende Propeller. Aber woher? Panik ergreift mich. »Sofort abtauchen«, befiehlt mein innerer Jürgen Prochnow, »der Alte«, der Kaleu, und ich lasse mich auf den gekachelten Beckenboden sinken.

»Schrapp, schrapp, schrapp« – die Schreckschraube entfernt sich.

Ich will schon auftauchen, da – »schrapp, schrapp, schrapp« – kommen die Geräusche wieder näher. Ich kriege keine Luft mehr. In mir macht sich Panik breit: »Zwei Meter vierzig – dass das Boot das mitmacht!« Mein Hirnobermaschinist rastet völlig aus und verlässt unerlaubt seinen Gefechtsstand im Oberstübchen. Über mir stößt die Planschkuh mit dem Kampfkrauler zusammen. Beide sinken. Ich kann den Trümmern eben noch ausweichen und mich an Land retten.

»Mutter«, denke ich, »o Gott, Mutter.« Und verstehe auf einmal den Sinn der Spindinschrift.

Am Streichelgehege

Ich stehe vor dem Streichelgehege in der Hasenheide. Hinter dem ausbruchssicheren Metallzaun warten Hühner und Schafe, Ziegen, Pfauen und nicht zuletzt der Esel mit stoischem Gleichmut darauf, angegrabscht zu werden. Sie wissen, dass ihnen keine andere Wahl bleibt: Nur wenn sie sich berühren lassen, wird man sie auch füttern. Das ist der demütigende Deal – der Kapitalismus hat die Natur längst mit seinen Gesetzen gebändigt und rundum von ihr Besitz ergriffen.

Die Leute am Gehege kann man im Wesentlichen in zwei Gruppen einteilen: einerseits Eltern mit Kindern, andererseits Rentner. Zu wem gehöre ich? Ich krame in den Hosentaschen, als läge darin die Antwort verborgen. Ein paar Münzen fördere ich zutage, Hausschlüssel, einen USB-Stick, alte BVG-Fahrscheine sowie, etwas schwer vom Stoff zu lösen, ein angelutschtes Salbeibonbon. Prüfend betrachte ich meine Schätze.

»Na, Kleine, willst du ein Bonbon?«, wende ich mich freundlich an das Kind, das neben mir versucht, einen offenbar mit Medikamenten ruhiggestellten Zwergziegenbock an den Hörnern zu ziehen. Ängstlich flüchtet sich das Mädchen hinter seine Mutter, die mich mit bösen Augen anfunkelt. Ich gehöre eben doch zur Rentnerfraktion oder bin zumindest zügig auf dem Weg dahin.

Aber ich bin auch schon früher oft hierhergekommen: Als einsamer junger Mann kletterte ich regelmäßig über das Gitter, nur um dann von innen an den Zaun zu trotten, in der Hoffnung, gestreichelt zu werden. Was waren das noch für Zeiten!

Geklappt hat es freilich nie. Stets wurde ich durchschaut. Selbst wenn ich stundenlang in der Kälte ausharrte, mich kleinmachte und jämmerlich blökte, erntete ich nichts als freche Kommentare: »Was machen Sie denn da drin?«, »Kommen Sie da raus!« und dergleichen Zusammenhangloses mehr. Auch damals waren die Mütter am schlimmsten. Dabei wollte ich doch nur ein kleines bisschen Liebe. Ich kannte doch niemanden. Und ich hatte auch nichts – schon allein deshalb war ich darauf angewiesen, dass mir jemand ein Stück Brot zuwarf.

Doch vergebens: ohne Streicheln keine Fütterung. Ungestreichelt schlich ich wieder zurück in meine kalte Wohnung und starrte die zerschlissene Tapete an, auf dass auch dieser Tag möglichst rasch vorüberginge. Fernsehen gab es noch keines, oder mein Apparat war kaputt. Freudlosigkeit troff aus meinem wunden Herzen und bildete auf dem Boden ein dürres Rinnsal der Verzweiflung.

Na ja, Schwamm drüber, jetzt ist ja alles gut, jetzt bin ich bald in Rente. Ich muss nur aufpassen, dass ich nicht stürze und mir einen Oberschenkelhalsbruch zuziehe, denn es ist verdammt glatt rund ums Gehege. Ein Huhn macht lustige Kunststücke beim Versuch, nicht auszurutschen. Die langen Krallenfüße wirken dabei wie Kufen, die Pirouetten erinnern an Eiskunstlauf. Wie alles andere hat sich der Mensch auch die Sportarten von der Natur abgeschaut. Das Curling zum Beispiel von den Pinguinen, den Hochsprung von den Heuschrecken und das Radfahren von den Zirkuselefanten.

Als das Huhn fertig ist, klatschen alle. Das Huhn verbeugt sich.

Dienstleistungsoase Neukölln

Im breiten Durchgang zum Seitenflügel unseres Eck-
hauses stinkt es wie so häufig scharf nach Urin. Das
scheint nicht jedem Mieter zu behagen, denn einer
hat einen Zettel in einer Klarsichthülle von innen an
die Haustür geheftet: »Bitte die Haustür nachts geschlossen halten. Grund: Keine Dealer und Pisser!«

Dealer kenne ich zur Genüge. Schließlich gibt es
die auch in der Umgebung des Vorderhauses, in dem
ich wohne. Speziell bei unwirtlicher Witterung lun-
gern sie oft zu mehreren im geschützten Eingang herum. Doch was soll ein »Pisser« sein? Da haben mir die
Seitenflügelbewohner anscheinend einiges an Herr-
schaftswissen voraus.

Der Semantik nach tippe ich auf Spezialisten, deren
ureigenste Aufgabe darin besteht, nachts in Hausein-
gänge zu pissen. Bislang ging ich ja immer fest davon
aus, das Urinieren im Hausflur werde quasi nebenher
und somit leider reichlich amateurhaft von besagten
Dealern, Obdachlosen oder heimkehrenden Haus-
bewohnern, die es nicht mehr rechtzeitig nach oben
schaffen, erledigt.

Eigentlich glaube ich das auch nach wie vor, doch
um Gewissheit zu erlangen, beschließe ich, mich
nachts nach dem Heimkommen noch im dunklen Hof

auf die Lauer zu legen. Dann sehe ich den sagenhaften Pisser endlich mal. Oder es zeigt sich eben, dass ich recht hatte: Den Pisser gibt es nicht.

Zunächst tut sich gar nichts. »Womöglich«, denke ich, »hat ihn ja das Schild abgeschreckt?« Allerdings würde so ein richtiger Pisser bestimmt guten Gewissens seiner heiligen Pflicht nachkommen und den Hinweis ignorieren. Ein Grund mehr also, an des Pissers Existenz zu zweifeln.

Ich will schon aufgeben, als ich gegen halb drei Uhr morgens von meinem Versteck aus das Knarren der schweren äußeren Flügeltür vernehme. Dann ein Rascheln, ein Schniefen und Schnauben, ein kurzes Kichern, ein Räuspern, anschließend Stille. Mitten in diese Ruhe hinein ertönt nun als Ouvertüre ein scharfes Zischen wie aus einem geöffneten Hochdruckventil, gefolgt vom anschwellenden Adagio eines ostinaten Plätscherns und posaunenartig begleitet von dumpfem Gepupe.

Vorsichtig öffne ich die Tür zwischen Hof und Durchgang und spähe in die Dunkelheit. In der hinteren Ecke, direkt neben der Tür, erkenne ich schemenhaft eine leicht gebückte Gestalt. Blitzschnell knipse ich den Lichtschalter an.

»He – was machst du da?«

Der Mann zuckt zusammen. Einen Moment lang sieht es so aus, als wolle er türmen, doch schnell fängt er sich wieder: »Ich kann mich nicht erinnern, dass wir miteinander im Sandkasten gespielt hätten, mein Herr!«

Seine Empörung klingt echt. In aller Seelenruhe knöpft er sich mit einer Hand den Laden seiner eleganten Anzughose zu. Unter seinen glänzenden Lackschuhen bahnt sich ein dünnes Rinnsal seinen Weg durch die Längsritzen der groben Bodenplatten und fließt rasch auf mich zu.

»Ich meine: Was machen *Sie* denn da?«, verbessere ich mich.

»Na, nach was sieht's denn aus?« Er gibt sich nicht die geringste Mühe, den Spott in seiner Stimme zu verbergen. »Schnuppern Sie doch mal.«

»Es sieht so aus, als ob Sie einfach in die Hofdurchfahrt von meinem Haus pissen«, murmle ich unsicher. Schließlich wohne ich im Vorderhaus – was hier im Seitenflur geschieht, geht mich genau genommen herzlich wenig an.

»Korrekt!« Er scheint erleichtert aufzuatmen. »Ich hatte schon Angst, Sie wären so ein Psychopath, der einen ehrlichen Pisser nicht von einem Unhold unterscheiden kann. Sie ahnen ja nicht, mit was für gemeingefährlichen Verrückten unsereiner manchmal konfrontiert wird.«

Mir fehlen die Worte. Er ist also tatsächlich ein Pisser. Den hätte ich mir ja eher als Typus »abgerissener Trinker« vorgestellt. Aber warum eigentlich?

»Gut, das ist jetzt nicht gerade diplomatischer Dienst«, brummt der Pisser, als hätte er meine Gedanken erraten. »Aber irgendwer muss den Job ja machen, und ich sehe nicht den geringsten Grund, sich dabei in irgendeiner Form gehenzulassen.«

Da muss ich ihm natürlich recht geben. Wir plaudern noch ein wenig über Gott und die Welt, ehe er mit den doppeldeutigen Worten »Ich muss dann mal wieder« zum Aufbruch drängt. Der Bereich, den er betreue, sei doch ziemlich groß. Auch wenn er es weitaus schlimmer hätte treffen können: »Sie kennen doch sicher meinen Kollegen, den Kacker? Wenn man bedenkt, dass der pro Kunde deutlich länger braucht als jeder Pisser, ist sein Revier kaum zu bewältigen. Kein Wunder, dass der richtiggehend böse werden kann, wenn man ihn bei der Arbeit stört. Dabei ist er eigentlich ein herzensguter Mensch.«

Nur zehn Stunden nach dieser Begegnung überrasche ich einen jungen Mann mit Turnschuhen und Daunenjacke, der ungerührt in den Durchgang pinkelt. Diesmal am helllichten Tag.

Freundlich spreche ich ihn an. »Hallo, Sie, Entschuldigung! Sind Sie die Vertretung? Ihr Kollege war erst gestern da. Alles stinkt noch ganz frisch. Ich glaube, es würde uns vollkommen genügen, wenn Sie einmal die Woche vorbeikommen.«

»Wieso ›Sie‹, Alter? Alter, wieso ›Kollege‹?«

»Sind Sie kein Pisser?«

»Nein, Mann, Alter, pass auf! Willst du was kaufen?«

Lässig verstaut er sein Gerät in der Hose, und ich verstehe: Ein Dealer! Das Pissen ist nur sein Hobby. Oder er musste mal. Ich will jedenfalls nichts kaufen, denn er hat sich nach dem Urinieren nicht die Hände gewaschen. Und so jemand ist in der Erlebnisgastronomie tätig! Normalerweise müsste das Gesundheitsamt hier schnellstens einen Riegel vorschieben, aber das ist ja nie da, wenn man es braucht.

Schöner Schein

Beim Sondieren des Angebots im Dachgartenrestaurant von Karstadt am Hermannplatz fällt die Hübsche mir sofort ins Auge. Sie ist ein sinnliches Versprechen, das mir das Wasser im Mund zusammenlaufen lässt und eine kleine, aber feine Erektion ins Feingerippte zaubert. Die Liebe auf den ersten Blick scheint gegenseitig: »Nimm mich«, lockt sie rot, saftig und wunderschön – eine Monster-Erdbeerschnitte.

Zunächst zögere ich noch. Die Erfahrung hat mich vorsichtig gemacht. Allzu oft trügt das Äußere, und die vermeintlich süße Schnitte erweist sich bald als durch und durch charakterlos: giftige spanische Gewächshauserdbeeren unter dickem Guss aus Schweineknochenextrakt, darunter ein fetter gelber Boden aus Zucker und Stärke. Eine bunte Lüge nur, die die Erwartungen zerplatzen lässt wie Seifenblasen. Auch der stattliche Preis von zwei Euro fünfundneunzig lässt mich zaudern. In der Krise hält sich die Spekulationsfreude schließlich in Grenzen. Doch die Sehnsucht nach etwas Gaumenromantik im grauen Spätwinter siegt, und mit zarter und zugleich fester Hand greife ich nach dem Kuchenteller.

Daneben steht eine große Schüssel mit dem Schild

»Schlagsahne. Eine Portion: –,80«. Die möchte ich nun, da meine Lust erst mal geweckt ist, natürlich ebenfalls haben. Doch was ist denn konkret eine Portion? Ich will auf keinen Fall was falsch machen und frage eine junge Karstadt-Mitarbeiterin. Wer ehrlich mit seinen Schwächen umgeht, habe ich gelernt, kommt meist weiter als der, der seine Unsicherheit ruppig zu überspielen versucht: »Höhö, ich krall mir jetzt den ganzen Kübel und hau den Rest einfach in den nächsten Gummibaum.«

Und siehe da: Mit meiner Bescheidenheit habe ich auf der ganzen Linie gesiegt. Mit einem Lächeln garniert, klatscht sie mir eine Kelle drauf, dass selbst diese gigantische Erdbeerschnitte darunter geradezu verschwindet. Auf meinem weiteren Weg zur Kasse hin betreut sie mich, der ich mich nun vollkommen hilflos stelle und komplett in das warme Kissen ihrer Dienstfertigkeit sinken lasse, nicht nur perfekt durch Darreichung einer Kuchengabel, sondern vor allem, indem sie mich gleich mehrmals einen jungen Mann nennt.

Noch vor wenigen Jahrzehnten hätte ich das doof gefunden, doch heute, in einem Alter, da ich für das Lächeln einer jungen Frau normalerweise viel Geld bezahlen muss, geht mir ihre milde Ironie runter wie Schlagsahne.

Als ich an meinem Tisch angekommen bin, hat die Freude jedoch ein jähes Ende, denn mit dem ersten Bissen erwache ich endlich und finde mich in einem neonlichtbeleuchteten Siebziger-Jahre-Interieur zwischen bis auf die morschen Knochen gelangweilten Neuköllner Kuchenomis wieder, bei dem Versuch, eine ziegelförmige Erdbeerkuchenattrappe unter einem Kubikmeter skandalös ungesüßter Schlagsahne zu verzehren. Auf einmal habe ich keine Ahnung mehr, was ich um Gottes willen schon wieder hier mache, dazu noch in einer Jahreszeit, in der die Dachterrasse geschlossen hat, das einzige echte Argument, das für diesen Ort hier oben spräche.

Ein Kuchen wie eine Nutte. Ich zahle viel Lehrgeld für ein leeres Versprechen, den faden Genuss kalter Lieblosigkeit. Dabei bin ich auch noch selber schuld in meiner blinden Gier – schließlich hätte ich es besser wissen müssen. Aber warum nur hat mich die zunächst doch so wohlmeinend erscheinende Angestellte nicht gewarnt und mir stattdessen Schlagsahne um den Mund geschmiert, die nicht schmeckt? Die stecken doch alle unter einer Decke in diesem Täuschungs- und Enttäuschungskonzern!

Angesichts dieses menschlichen und gastronomischen Debakels hätte ich im Nachhinein vielleicht doch lieber Marmorkuchen genommen. Der tut wenigstens gar nicht erst saftig.

Ostereiersuchen im Park

Es ist eine große Gruppe mit vielen kleinen Kindern. Die Mütter sind durch die Bank noch einigermaßen jung, die Väter zum Teil ebenfalls. Ein paar haben sich aber auch auf den vorletzten Drücker dafür entschieden, den Vormärz ihres Lebensabends konzeptuell auf den Kopf zu stellen. Ich bekomme wertvolles Anschauungsmaterial: So ungefähr sähe das also auch bei mir aus. Vor meinem inneren Auge hinken schrumpelige Spermien, ihre Schwanzfäden als Krückstöcke benutzend, ächzend gen Eizelle, die meisten legen sich schon im Eingangsbereich der Vagina zum Sterben hin. Etwas tragisch Rührendes hat sowohl diese Vorstellung als auch der reale Anblick hier um mich herum.

Die Kinder heißen Marimba, Lena oder Miguel – zum Glück für die Knirpse hat die ironische Retrowelle für Namen noch immer weder einen Adolf noch einen Hans-Dieter auf dem Schirm. Zu ihrem Pech jedoch finden es ihre Eltern irgendwie sauhip, sie am Ostermontag im Volkspark Hasenheide zum Ostereiersuchen zu schicken, und zwar da, wo das Gebüsch am dichtesten ist.

Das Gebüsch in der Hasenheide gehört aber, speziell da, wo es am dichtesten ist, zunächst einmal den

Dealern, die dort ihre Ware bunkern. Als Nächstes gehört es denjenigen, die mal müssen, egal ob Mensch oder Tier. Und schließlich wird es auch noch intensiv genutzt, um allen möglichen Müll blickdicht zu entsorgen – so tauchte in der Gegend durchaus schon mal das eine oder andere Leichenteil auf.

Die Kinder sind jedenfalls schon ziemlich aufgeregt, als ahnten sie bereits, was sie erwartet. Die Eltern sind hingegen ruhig bis teilnahmslos. Sie wohnen noch nicht lange in Neukölln oder kommen gleich von ganz woanders her.

»Dahinten müsst ihr suchen«, deutet eine Mama Spitzenkontakte zum Osterhasen an. Die Kinder schwärmen aus. Mit Feuereifer wühlen sie sich durch das knackende Strauchwerk, während auf der Wiese davor immer noch weitere Väter und Mütter dazustoßen. Gegen einen solchen Osterflashmob können die armen Drogenhändler in ihren Verstecken zunächst nur machtlos mit den Zähnen knirschen. Man kann nie wissen: Womöglich handelt es sich ja auch um eine halboffizielle »Reclaim the Park«-Aktion, unsichtbar begleitet von Polizei, Ordnungsamt und Presse.

Ein kreativ tätowierter Papi mit einem Strohhut, der eine freche Reminiszenz an richtige Strohhüte darstellt und zugleich eine symbolische Verbeugung vor diesem klassischen Accessoire der Naturverbundenheit sowie in der logischen Konsequenz daraus eine weithin sichtbare Absichtserklärung, statt Atomstrom fortan Strom aus erneuerbaren Energien zu beziehen, falls der denn dann auch billiger ist ... äh, was wollte ich sagen ... der Typ steht also rauchend dabei, so dass ich mich frage, ob das nach dem

Knigge moderner Eltern überhaupt erlaubt ist. Oder lautet das entsprechende Gebot: »Park, ja – Spielplatz, nein«, »American Spirit, ja – Marlboro, nein«, beziehungsweise richtet es sich nach Anzahl und Größe der Raucher, Kinder und Gebüsche, die ja immerhin als Biofilter funktionieren?

Die ersten Kinder kommen aus dem Unterholz und präsentieren ihre Resultate. Von meinem Standort aus kann ich zwar nur Vermutungen anstellen, aber wenn das Schokolade sein soll, fehlt außenrum auf jeden Fall das Stanniolpapier. Und gar so falsch kann ich wohl nicht liegen, denn im Elternkreis führt der Fund zu einem gewaltigen Hallo: Der Osterhase musste augenscheinlich mal für ziemlich große Osterhasen.

Doch die Kinder lassen sich vom Gezeter ihrer hygienebesessenen Mütter nicht entmutigen. Sofort machen sie sich erneut auf die Suche und fördern natürlich auch ein paar geplante Osterüberraschungen zutage. Schließlich haben die lieben Eltern ja was vorbereitet. Und nicht nur sie, denn was der alte Knochen eines Ermordeten ist und was auf Alt getrimmtes Holzspielzeug, lässt sich nicht immer sicher sagen. Eindeutiger sind da die verrosteten Bierdosen, die gebrauchten Spritzbestecke sowie die vielen kleinen Tütchen, auf denen je ein Hanfblatt abgebildet ist.

Die echten Schokoeier landen in verschmierten Kindermündern, der Abfall und die Exkremente in mitgebrachten Mülltüten. Die kleinen Tütchen mit dem Hanfblatt drauf und dem getrockneten Rauchrasen drin verstaut jedoch der Papa, der vorhin gequalmt hat, im Kinderwagen seiner Lebensgefährtin.

Ich breche erst nach den Familien auf, doch kurz vorm Parkausgang hole ich sie wieder ein. Sie scheinen in eine ernste Unterhaltung mit der Ordnungsmacht verstrickt zu sein, die unter anderem mit Hundetransportern vom Zoll angerückt ist.

»Muss Mama jetzt lange ins Gefängnis?«, höre ich im Vorbeigehen den weinenden Miguel fragen.

»Ja, sehr lange«, sagt einer der Beamten freundlich. »Aber sie wird sich bestimmt freuen, wenn du ihr dann mal Bilder von ihren Enkelkindern schickst.«

Während ich mich entferne und das Weinen in meinem Rücken langsam leiser wird, frage ich mich, wer wohl für die Razzia ausgerechnet hier und heute verantwortlich sein mag. Auf der Straße kommen mir mehrere recht aufgekratzte Dealer entgegen. Lachend sprechen sie in imaginäre Handys: »Allo: Bollisai? ... Bittä: Anseige! ... Bittä: Helfen! ... Unsa schona Pak! ...« Am Parkeingang warten sie kurz. Die Luft wird bald wieder rein sein.

Neue Trends

Vor einem dieser neuen Szenelokale in der Hobrecht-straße beobachte ich eine Gruppe junger Männer beim Jo-Jo-Spielen. Ich glaube, die Endzwanziger möchten für ihr kindisches Getue auch noch bewundert wer-den; sie sind mit heiligem Ernst bei der Sache und tragen (welch raffinierter Gegensatz!) so komische Anglerhütchen, wie viele das jetzt tun.

»Sei Kindchen, und du bist voll dabei«, haben sich die Trendsetter schon seit Jahren aufs Schlabberlätz-chen geschrieben. Erst klöterten Anzugträger mit winzigen Tretrollern über den Potsdamer Platz. Wei-ter ging es mit der Wiedereinführung des Poesieal-bums durch die Hintertür mittels MySpace, StudiVz und Facebook. Dann setzten sich junge Erwachsene im Winter Babymützen mit langen Wollkordeln auf. Nun spielen sie eben Jo-Jo.

Dabei kennt der Kleinkindhype längst andere Ka-liber. So folgten den Rollschuhläufern, die zu Tau-senden die halbe Stadt lahmlegten, um aus der Kind-chenmasche ein Politikum zu machen, quäkende Dreiraddemonstranten. Murmelspieler auf der Stadt-autobahn besorgten dem Fließverkehr den Rest. Auch sieht man immer mehr »Holzis« zwischen den Tischen angesagter Bars ihre Holzeisenbahnen aufbauen und stundenlang damit spielen. Andere, die sogenannten »Smurfers«, müssen vom Barkeeper daran gehindert werden, während der Stoßzeiten ihre umfangreichen Schlumpfsammlungen auf dem Tresen aufzubauen und die Gäste mit hellen Rufen wie »Guck mal, das ist der Gitarrenschlumpf« oder »Tauschst du mein Schlumpfinchen gegen den Hammerschlumpf?« zu belästigen. Die Obercoolen setzen ihre Schlümpfe in die Holzeisenbahnen. Über diese »Crossover-Kiddies« finden sich in einschlägigen Internetforen allerdings auch kritische Töne der »Pure Smurfers« und »Oldschool Holzis«, die das Crossen als Verrat an der reinen Idee brandmarken, wie etwa im folgenden Posting von User »Murkelbaby26«: »die krossies sin danz danz plöd. menno, ich will, dass die solln nur schlumpfspielen oder nur dolzbeisenbahn, wei, wei, wei ich das sons plöd finde, rabäh.« Wie man sieht, hat sich der Szenejargon nicht zuletzt unter dem Einfluss von SMS und Twitter immer mehr aufs Babyhafte reduziert.

Angesagte Playgrounds finden sich auch in den Buddelkästen rund um den Reuterplatz. Aus der Ferne möchte man die Insassen noch für junge Väter halten, doch rasch zeigt sich, dass da irgendwas nicht stimmt: So sind gar keine Kinder in der Nähe, und wenn doch einmal, werden sie auf der Stelle verjagt. Die Endzwanziger mit den Anglerhütchen möchten ungestört mit ihresgleichen spielen. Mit Feuereifer backen die »Sand Box Dudes«, wie sie sich in kindlichem Stolz selber nennen, Sandkuchen oder schlagen einander im ausgelassenen »Freestyle« Förmchen und Schäufelchen um die Ohren. Die Sandkästen gehören nicht dem Bezirk, sondern zum nahe gelegenen Szenecafé »Dornröschens Hang Out Bistro«.

Daneben hüpfen junge Frauen mit Pornobrillen zwischen gespannten Gummiseilen herum. Sie spielen »Heaven & Hell« und tauschen dabei den neuesten Gossip aus, während die echten Kinder weitgehend unbeachtet in ihren Kinderwagen schreien. Allerdings nicht ganz unbeachtet, denn stets kann es passieren, dass ein fremder Endzwanziger vorbeikommt und in einem günstigen Moment den Schnuller stiehlt. Den brauchen die »Dummys« für ihre tagelangen Schnullerpartys. In geheimen Clubs in stillgelegten Kindertagesstätten fahren sie einander in zu Buggys umfunktionierten Einkaufswagen hin und her, planschen auf Speed in kleinen Plastikbadewannen und lassen sich von spezialisierten Prostituierten säugen, wickeln und auf das Szenecodewort »A-a« auf den Pott setzen. Die einzigen Pausen eines solchen Partymarathons bestehen im vierstündigen Mittagsschlaf, ungestört vom monotonen Dauergestampfe der Hardcore-Gabba-Version von »Biene Maja«.

Je jünger, desto angesagter, lautet das Motto. Erste Fötuspartys werden gemeldet, deren Teilnehmer sich in ehemaligen Geburtskliniken versammeln, wo sie zu Ambientklängen ganze Wochenenden über einfach nur zusammengekrümmt daliegen und sich durch künstliche Nabelschnüre Beck's Gold oder Club Mate zuführen. Und eine Nacht in der Woche öffnet das kultige Badeschiff am Spreeufer nur für »Spermies«, die als Spermien verkleidet im Takt der Chillout-Music mit Anglerhütchen durchs Wasser paddeln, bis sie auf eine Eizelle mit Pornobrille treffen. Die meisten kriegen keine ab, das ist nicht anders als in der Spießerdisco.

Da fragt man sich schon, wie weit der Wahnsinn noch gehen soll. Ist aber auch nicht so wichtig, denn die Peergroup ist ohnehin sehr kurzlebig: Gibt es Streit um Schnuller, Jo-Jo, Eizelle, Rollschuh oder Sandschäufelchen, löscht man den Kontrahenten einfach auf der Friends-Liste. Winke, winke!

Moorleichen und blonde Seidenäffinnen

Kaum zaubern die Strahlen der ersten Frühlingssonne Wärme in die Herzen und auf den Asphalt, überhitzen Reifen und Gehirne. Auf dem Kottbusser Damm überholt mich ein silbergrauer BMW mit hoher Geschwindigkeit und nur wenigen Zentimetern Abstand, obwohl nicht weit vor uns die nächste rote Ampel wartet.

Ich murmle ihm ein Wort hinterher, das mit F anfängt und mit E aufhört – so viel sei verraten: »Fohlenelfe« ist es nicht. Dass jemand, dessen Sinne so offensichtlich verdunkelt sind, im Rückspiegel und auf dreißig Meter Entfernung perfekt von den Lippen eines Radfahrers lesen kann, ist schwer vorstellbar.

An besagter Ampel schüttle ich nur vage den Kopf in seine Richtung. Ich habe gar keine Lust auf eine nervenraubende Konfrontation. Stattdessen mustere ich das Kennzeichen: B-MW 8437. Die Bedeutung der Buchstaben ist klar, »Böser Mann Wichst«, doch wofür stehen die Zahlen? Im Altsumerischen bezeichnete die Ziffer 8437 sinngemäß einen »schwachsinnigen Eselsreiter, den die hässlichste Hure Babylons in einen gewaltigen Kothaufen hineingebar und der seitdem seinem räudigen Graukittel mit einem lachhaften Liebesstäbchen, das noch weit winziger ist als das der zwergenhaften Gottheit Mikrob, seit Jahren ohne Pause beiwohnt, um anstelle des Esels am Ende dann doch lieber eine Seidenäffin zu ehelichen«. Das passt ja ganz gut. Aber ein wenig erstaunt bin ich schon über die altphilologische Bildung meines Widerparts.

Gedanken lesen kann er außerdem. Jedenfalls fährt er bei der nächsten Gelegenheit von hinten erst ganz dicht an mich heran, überholt anschließend und macht direkt vor mir einen scharfen Schlenker, wobei er laut hupt.

Jetzt wäre ich gerne gelassen. So könnte ich mich beispielsweise einfach darüber freuen, dass ich gesund und intelligent bin und er krank und doof ist. Dass ich ein Buddha der guten Laune bin und er ein … ein … ein gottverdammtes Scheißriesenarschloch.

Cholerik ist ansteckend. Das Wutvirus überträgt sich durch Worte, Blicke oder Stimmungen, und die einzige Therapie ist Ruhe. Während ich unserer vierten Begegnung am folgenden Stauende entgegenfahre, träume ich in den schillerndsten Rottönen davon, seine Tür aufzureißen und ihn gründlich zu verhauen. Natürlich handelt es sich um eine bloße Gewaltphantasie, die sich selbst genug sein dürfte. Sowieso bin ich in der Kunst des Verkloppens reichlich ungeübt: Besser hauen oder treten? Schreit der Könner irgendetwas Adäquates dabei wie »Da, nimm, du Schwein«, oder spart er sich die Puste besser für einen möglichst guten Schlag? Soll ich hinterher gleich verduften? Und was mache ich, wenn er zurückhaut?

Davon ganz abgesehen wäre ich selbst im Erfolgsfall ebenfalls Verlierer: aufgeschürfte Fingerknöchel, seelische Müdigkeit, rechtliche Konsequenzen. Immerhin habe ich noch nicht einmal Zeugen für seinen Angriff, eine Nötigung vermutlich – ich kann mir nicht vorstellen, dass der Straftatbestand der versuchten fahrlässigen Tötung existiert.

Noch immer kann ich sein Gesicht durch die spiegelnde Frontscheibe nicht genau erkennen. Nur dass Natur, Solarium und Werdegang es sehr hässlich gemacht haben, wie eine aufgedunsene Moorleiche. Daneben eine blonde Seidenäffin – ähnliches Alter, ähnlicher Zustand –, die sich bestimmt gerade ziemlich schämt. Oder auch nicht, denn immerhin muss es ja einen Grund dafür geben, dass sie mit ihm zusammen ist.

Natürlich könnte ich ihn genauso gut zur Rede zu stellen. Doch wie soll ich auf der Grundlage seiner komplett verschobenen Maßstäbe mit ihm streiten? Er verspürt nun mal heiligen Zorn, weil ich auf seinen fairen Versuch, mich umzubringen, undankbar reagiere. Yoga-Dieter würde jetzt wahrscheinlich sagen: »Lass nicht zu, dass der arme Mensch dir schlechte Gefühle bereitet. Bedaure ihn. Sei froh. Steh drüber.«

Probehalber versuche ich, mich in den Autofahrer hineinzuversetzen. Ich sacke tief in mich zusammen, lasse blöd glotzend die Arme hängen und grunze »Brrm, brrm!« Das hilft mir tatsächlich so weit, dass ich ihn wort- und tatenlos ziehen lasse. Doch was mache ich mit meiner Wut? Ich könnte irgendeinen Fußgänger überfahren, am besten vielleicht Yoga-Dieter, denn schlechte Luft lässt man ja immer gern nach unten ab. Das gilt nicht nur für Darmwinde. Oder ich verlasse mich darauf, dass man sich stets zweimal im Leben sieht.

B-MW 8437. Die Nummer von dem Tier, die merk ich mir. Hoffentlich ist da kein Zahlendreher drin, sonst fackle ich noch eines Nachts versehentlich die falsche Kiste ab.

Der Fee

Frühmorgens komme ich nach Hause. Die Straße ist wie ausgestorben, nur auf den Stufen meines Hauseingangs sitzt jemand. Und zwar genau vor der Doppeltürhälfte, die ich aufschließen muss, um mich und mein Fahrrad hindurchzuzwängen.

Tagsüber kommt das öfter vor. Fremde Herrschaften sitzen oder stehen dort, allein oder zu zweit, rauchend, essend, mit dem Handy telefonierend. Lungernde Dealer meist und nicht gerade die Klientel, die ich als Schwiegersöhne oder Adoptivkinder bevorzuge, aber sobald ich rein- oder rauswill, gehen sie stets anstandslos beiseite, das ist nicht wirklich ein Problem.

Ich schiebe mein Fahrrad auf die Stufen zu, was Signal genug sein sollte. Der Mann rührt sich nicht. Fragt stattdessen: »Was willst du haben, Alter?«

Ach, so ist das. Mitten in der Nacht wartet direkt vor meiner Haustür eine gute Fee auf mich. Vielmehr ein guter Fee mit dunklen Haaren und Mehrtagebart. Keine blonden Wallelöckchen, aber wir sind ja auch in Neukölln und nicht in Bullerbü. Trotzdem bin ich zunächst perplex.

Er wiederholt seine Frage »Alter, was willst du haben?« und ergänzt: »Gras?«

Ein Fee, der sogar eigene Wunschvorschläge einbringt. Das ist, ich gehe in Gedanken kurz meine aus Märchen erworbenen Feenkenntnisse durch, recht ungewöhnlich. Gras will ich aber eher nicht. Das wäre zwar im Prinzip ganz hübsch, jetzt im Lenz, um darauf barfuß durch die Wohnung zu laufen, aber auch unpraktisch. Bei mir besitzen ja noch nicht mal Yuccapalmen eine Überlebenschance. Ich denke nach: Was will ich eigentlich?

Liebe ohne Leiden. Gesundheit ohne Askese. Arbeit ohne Frust. Das alles habe ich doch schon, beziehungsweise noch. Mir fällt am Ende nur ein einziger Wunsch ein: Ob er, der Fee, sich bitte auf die andere Seite setzen könne? »Ich wohne hier und würde gern die Tür aufmachen.«

Mein Wunsch scheint nicht dem Standard zu entsprechen, denn er rückt nicht beiseite. Hätte ich mir jetzt irgendwelche Klassiker gewünscht, wie eine Million in bar, eine riesige Kirschtorte oder neue Jacketkronen, würde er wahrscheinlich nur einmal kurz den Butterfly-Zauberstab aufschnappen lassen, »Magic, Alter!« rufen und – schwupps – das Gewünschte auf der Stelle an den dunklen Hermannplatz zaubern. Aber Wegrücken ist offenbar schwierig. Ein guter Fee ist nun mal kein Wuscherfüllungsroboter.

Ich wiederhole meinen Wunsch, mich dunkel daran erinnernd, dass das im Märchen auch schon mal geholfen hat. Er steht auf und entfernt sich von der Tür. Das ist jetzt nicht exakt, was ich gewünscht hatte – ich wollte doch nur, dass er auf die andere Seite rutscht. Er hat mich nicht verstanden. Ein dummer Fee, schwerhörig oder am Ende gar nur so ein Billigfee, vor dessen Aldiwunschfiliale die Wünscher morgens Schlange stehen, um dann doch keines der raren und ohnehin minderwertigen Sonderwunschangebote zu erhaschen.

Während ich die Tür aufschließe, quatscht er mich plötzlich von der Seite an: »Alter, hast du zwei Euro?« Jetzt äußert dieser komische Fee obendrein noch selber Wünsche. Dabei hat er mir bis jetzt noch nicht mal meinen korrekt erfüllt. Unter diesen Umständen bleibt mir wohl nichts anderes übrig, als ihm auch seinen zu verweigern.

Im Kiez

Vor dem Tor der Graciano-Rocchigiani-Grundschule in der Weisestraße stehen Schulkinder. In den vor Kälte klammen Fäustchen halten sie Springmesser, mit denen sie sich spielerisch bedrohen. Rührend ungeschickt sieht es aus, wie sie einander umkreisen und tapsig versuchen, den ersten Stich zu setzen. Daneben jagen zwei Racker einen Kaugummiautomaten mit einer selbstgebastelten Rohrbombe aus Polenböllern in die Luft. Diese kleinen Strolche – man kann die herzigen Kerlchen einfach nur liebhaben! Schmunzelnd lausche ich dem kindlichen Geschrei:

»Ey, ich FICKE deine Mutter, ey!«

»FICKST du meine Mutter, FICK ich deine, ey!«

»Und ich FICK deine Schwester, ey!«

»Mir egal, ey!«

»Und deinen Bruder FICK ich, ey!«

»Und ich FICK deine Mutter und deinen Bruder, ey!«

»Und ich deinen Vater, ey!«

»Ich nehm' die beiden so richtig von hinten, ey!«

»Mir egal, ey!«

»Von hinten – so richtig!«

Als sie mich, den Erwachsenen, sehen, verstummen sie. Ich weiß, dass sie gleich eine Frage stellen werden, deren Antwort sie überhaupt nicht interessiert.

Sie haben nicht den geringsten Respekt vor mir – und das gefällt mir: Menschen, die so aufwachsen, sind später weniger anfällig für totalitäre Systeme, finde ich.

»Könn' Sie mir sagen, wie spät es ist?«, fragt auch tatsächlich das eine Kind.

»Pass mal auf«, sage ich, »ich weiß genau, dass du mich bloß verarschen willst, du kleine Drecksau.«

Die Kinder lachen. Ich lache auch. Wir verstehen uns, wir sprechen dieselbe Sprache, wir sind alle Neuköllner. »Hau ab«, wiederhole ich im Neuköllner Imperativ, »sonst mach ich dich Notarzt!«

Kichernd laufen die Kinder um die Ecke. »Wissen Sie, wie spät es ist?«, höre ich noch und weiß, dass sie bereits ein neues Opfer gefunden haben. Ich betrete die Drogerie Würger, einen winzigen Gemischtwarenladen, der ausschließlich vom Verkauf von Dosenbier und Hundefutter lebt. Der Besitzer hebt zur Begrüßung seinen Schlagstock. »Was willst du Arschloch?«, heißt er mich freundlich willkommen.

»Pass mal auf, du Wichser«, grüße ich höflich zurück, »und jetzt sperr mal deine dreckigen Löffel ganz weit auf: Du gibst mir am besten ziemlich flott 'nen Sack von dem unbrauchbaren Scheißzeuch hier!«

» Scheißzeuch hamwanich, du Fotze«, bedauert der Chef lächelnd, »aber in die Fresse kannst du haben, und das nicht zu knapp«, bietet er zuvorkommend an. Die Beratung hier ist absolut vorbildlich – das muss man ihm lassen.

»Ihr habt doch nichts anderes als Scheißzeuch hier«, beharre ich, »ihr seid doch schließlich auch ein stinkender Scheißladen!«

Er freut sich sichtlich über das Kompliment. »Dosenbier kannste haben, du verficktes Sackgesicht, oder Hundefutter – und obendrein noch 'n paar aufs Maul, wenn dir in die Fresse nicht gefällt.«

»Klasse, du Penner«, strahle ich, »fick doch deine verweste Alte.« Ich liebe diese Gespräche unter Nachbarn. Gerade in der rauen Anonymität der Großstadt sind solch scheinbar belanglose Plaudereien oft die letzten Inseln der Mitmenschlichkeit in einem Meer aus Tränen und Einsamkeit, Kot und Erbrochenem, oder wie Befindlichkeitsfanatiker oft bewundernd sagen, im »Kiez«. Mit einem schmutzigen Beutel voll unbrauchbaren Scheißzeuchs verlasse ich ohne zu bezahlen die »Drogerie«, das hasserfüllte Gebrüll des lieben alten Widerlings im Rücken.

Nach Hause geht es recht schnell, weil die Sau wie gewöhnlich ihren Pitbull auf mich hetzt. Das ist immer lustig: Lachend und prustend renne ich vor dem Tier her, bis es auf halbem Wege von ein paar verirrten Kugeln, die ziellos aus dem *Tremens-Eck* abgefeuert wurden, getroffen wird und gurgelnd auf dem zugemüllten Bürgersteig verendet. Aus der Kneipe dringt heiser dröhnendes Gelächter.

»Wissen Sie, wie spät es ist?«, fragt mich ein Kind mit buntem Schulranzen auf dem Rücken, als ich gerade die Haustür öffnen will. Diesmal schlage ich sofort zu.

Erwachende Natur

Es ist Frühling geworden am Landwehrkanal.

Schön, wie nun überall wieder die Kätzchen an den Sträuchern hängen, da wird einem richtig warm ums Herz. Nicht ohne Rührung bewundere ich die pelzigen grauen Boten der erwachenden Natur. Die Gute hat das trefflich arrangiert: Schließlich macht es viel mehr her, wie sie hier mit weit heraushängenden rosa Zungen nebeneinander an den Ästen baumeln, als einfach nur im zugeschnürten Sack in den Fluss geworfen, stillos am Scheunentor zerschmettert oder an einer Autobahnraststätte dem ungewissen Schicksal überlassen zu werden. Ein paar der Kätzchen sind sogar schon prächtig aufgegangen. Ach, der Frühling ist schön …

Doch offenbar nicht für alle. So rennt ein dünner Mann gehetzt am Ufer entlang, ein anderer, dickerer, keucht etwas langsamer hinter ihm her. Er macht einen unglücklichen, ja verzweifelten Eindruck. Es hat den Anschein, als verfolge er einen fitteren Verbrecher. »Soll ich ihn für dich festhalten?«, rufe ich deshalb gut gelaunt dem zweiten zu. Der ächzt nur zur Antwort. Jogger wirken in Ausübung ihrer Passion oft reichlich humorfrei.

Ich habe allerdings nicht lange Zeit, darüber nachzudenken, denn am gegenüberliegenden Ufer ertönt panisches Kreischen. Es klingt, als hausten dort die Landsknechte. Ein Kontrollblick beruhigt die aufkeimende Sorge. Es ist nur der Tanz der Hormone, der ein Schulschwänzerpärchen ein uraltes Balzritual vollführen lässt: Der Junge hat das Mädchen auf der Böschung huckepack genommen und gibt vor, es in den Kanal zu werfen; das Mädchen antwortet mit dem adäquaten Paarungsruf und kreischt wie am Spieß. Nach heutigen Maßstäben mutet es fast urzeitlich an, wie die beiden längst überholt geglaubte verhaltensbiologische Rollenmodelle bedienen. Allerdings lassen sich Jahrmillionen, in denen sich Frauen mit lautem Kreischen erst gegen Säbelzahntiger, dann gegen Raubritter und schließlich gegen Handtaschenräuber zur Wehr setzten und auf der anderen Seite Männer ihren Partnerwunsch äußerten, indem sie die Angebetete einfach packten und wegschleppten, nicht eben mal durch ein bisschen Erziehung komplett vom Tisch fegen. Spätestens wenn obendrein Frühlingshormone mit ins Spiel kommen, regiert wieder die Natur, als hätten hundert Jahre Emanzipation nicht stattgefunden.

Natürlich haben sich die traditionellen Kräfteverhältnisse hier und heute längst umgekehrt: Die Mädchen sind das stärkere Geschlecht, auf die schwächlichen Jungen wartet eine trostlose Zukunft als willfährige Befruchtungsdrohnen nahe der Debilitätsgrenze. Das Mädchen weiß das alles auch, denn schließlich gehört es obendrein dem klügeren Geschlecht an, während der Junge es nur dumpf ahnt. Er vermag sie kaum auf dem Rücken zu tragen, es sieht so aus, als schleife ein Leopard einen erlegten Wasserbüffel durch den Busch. Sie dagegen könnte ihn mit einem bloßen Schlag ihrer Wimpern wie eine Laus zertrümmern und ins kalte Wasser werfen. Doch sie spielen beide ihr anachronistisches Spiel mit heiligem Ernst zu Ende, denn das gehört nun mal zum Frühling wie die gebrochenen Augen junger Kätzchen.

Die Zeit der Möpse

»Wow«, denke ich, als mir auf der Hobrechtbrücke eine Frau entgegenkommt, »eine Frau mit vier Möpsen!«

So etwas ist typisch für den Frühling. Auf einmal sieht man wieder, was den langen Winter über im Verborgenen blieb. Während draußen die Graupelsuppe kochte, räkelten sich daheim die Möpse faul in ihren Körbchen. Jetzt erst tollen sie wieder über den öffentlichen Laufsteg der Uneitelkeiten.

Der Frühling in Neukölln ist ein einziger Jahrmarkt der bescheidenen Attraktionen. »Hereinspaziert in den Zirkus Frühling«, scheint er zu rufen, »treten Sie näher, Herrschaften, hier geht es rund, hier gibt es was zu sehen! Jeder kommt auf seine Kosten, der Eintritt ist frei! Kommen Sie, sehen Sie, staunen Sie – Sensationen, Sensationen, Sensationen: Eine Frau mit vier Möpsen! Ein Mann mit Bart! Ein Kind mit zwei Armen! Ein Hund mit vier Beinen! Ein Brötchen mit Marmelade! Hereinspaziert!«

In der Tat komme ich aus dem Staunen kaum heraus. Die Frau wirkt zufrieden, obwohl sie sich kaum bewegen kann, denn jeder der kurzatmigen Knautschköppe zieht und zerrt an seiner Leine in eine jeweils andere Richtung. Ohne Sinn und Verstand behindern die auffahrunfallgesichtigen Omnivoren ihr eigenes Vorankommen und das der Frau. Der Mops hat es wirklich geschafft: Über Degenerationen hin hat er sich dermaßen gekonnt in eine Sackgasse der Evolution manövriert, dass er allein dafür kollektiv den Darwin Award für Vierbeiner verdient hätte. Ich verstehe beim besten Willen nicht, wie ein derart unkooperatives Haustier in den letzten Jahren so in Mode kommen konnte. Ist es wirklich nur wegen seiner Hässlichkeit, die ihren Besitzern den unprätentiösen Adel der Selbstironie verleiht und damit die Erfolgsgeschichte von Punk und Grunge auf der Ebene der Haustierwahl weiterschreibt? Ähneln doch bekanntlich Hunde mit der Zeit immer mehr ihren Herrchen.

Oder war es umgekehrt? Egal, diese Hunde taugen zu rein gar nichts. Sie sind nicht nur abstoßend und undiszipliniert, sondern auch viel zu niedrig. Ständig fällt man drüber. Dazu machen die zerknautschten Visagen noch nicht mal Lust, ein weiteres Mal hineinzuschlagen; das fiele ohnehin nicht ins Gewicht, so zerknautscht, wie sie schon sind.

Und noch mehr ist im Zirkus Frühling kunterbunt durcheinandergeraten. Das ist der Nachteil, dass man das jetzt sehen muss, im Winter gab's das nicht. Randalierende Vögel haben in einem Blumenkübel, neben dem ich mich, vom Mopsabenteuer ermattet, niederlasse, zwei Stiefmütterchen ausgegraben. In ihren würfelförmigen Pflanzblöcken liegen sie da wie auf der Mole abgelegte Mafia-Opfer mit Betonklötzen an den Füßen. Ich würde zu gerne in Erfahrung bringen, welcher Vogel das war, und diesen dann zur Rede stellen, doch es ist weit und breit keiner zu sehen.

Die Vögel haben offensichtlich keine Lust, einander zu denunzieren. Lieber bleiben sie gleich ganz weg. Das imponiert mir. Ich möchte zwar wissen, wer die Stiefmütterchen ausgebuddelt hat, aber nicht um jeden Preis. Denunziation ist mir zutiefst zuwider. Dagegen gehe ich offensiv an – ein Beispiel: Seit ich weiß, dass Kinder und Jugendliche für Alkoholprobekäufe in Läden geschickt werden, um Verstöße gegen den Jugendschutz zu entlarven, verbringe ich aus Solidarität fast meine gesamte Zeit mit eigenen Probekäufen. Damit verwässere ich das Untersuchungsergebnis, verwirre sämtliche Beteiligten und stifte so ein Durcheinander, in dessen Schutz sich die Verkäufer herausreden oder fliehen können.

Als ich einen Blick zurück auf die Brücke werfe, haben sich die Möpse dort mittlerweile komplett ineinander verheddert. Die Frau schreit. Ein Fahrrad fährt mitten in den Mopssalat. »Wow«, denke ich, »ein Radfahrer mit Helm! Ist jetzt Krieg?« Doch es ist nicht Krieg, sondern Frühling.

Renneltern

Das Joggerpärchen ist schnell. »Die sind bestimmt von drüben«, konstatieren schmunzelnd die Neuköllner Parkbesucher, denen Hast und Freizeit als immanenter Widerspruch gilt. »Drüben« ist Kreuzberg.

Sie sind sichtlich keine dieser verkappten Walker kurz vorm Herzinfarkt, die mal eben spontan für einen Tag ihr Leben ändern wollen. Synchron verläuft die Schrittfolge, synchron geht der Atem. Er wirkt eine Spur zu muskulös, doch sie ist die ideale Langstreckenläuferin: klein, leicht und hager. Die beiden unterhalten sich beim Laufen, während die Frau einen Kinderwagen vor sich herschiebt, noch nicht mal einen dieser modernen Dreiradwagen, sondern so einen hohen altmodischen: Wenn das arme Kind mal keinen Schaden abbekommt!

Immer schnell, immer schnell, immer schnell. Spätestens in der Pubertät beginnt die Gegenreaktion, man kennt das ja: Die Kinder der 68er werden Nazis oder angepasste Neoliberale und deren Kinder wiederum Hippies, deutsche Hippies selbstverständlich, das muss alles seine Ordnung haben: Bis 11 Uhr allgemeines Verschlafen, danach Antreten vorm nach DIN buntbemalten VW-Bus und Abmarsch zum Nacktbaden. Um 13 Uhr Verteilung der LSD-Trips laut Anwesenheitsliste. Gemeinsames Einwerfen, jeder einen, Kinder unter 14 Jahren einen halben. Während des Drogenrausches sind lärmverursachende Aktivitäten wie Didgeridoo-Üben, das Spielen der Kinder vor dem VW-Bus sowie die Entsorgung von Leergut im Altglascontainer verboten. Um 22 Uhr gemeinsames Singen und Kiffen am Lagerfeuer, anschließend Nachtruhe mit Partnertausch gemäß Aushang. Dabei entstehen wiederum neue Kinder, die natürlich neoliberale Nazis werden.

Und das Kind der Renneltern? Das liegt mit dreißig auf der Couch. Es hat eine Bewegungsphobie und droht in Kürze zu platzen. »Meine Eltern sind immer nur gerannt«, erzählt es mit stockender Stimme dem Psychotherapeuten, »sonst kann ich mich an nichts erinnern.«

»So«, sagt der Therapeut, »die Stunde ist leider um, das nächste Mal dann weiter«, doch das hört das arme alte Kind nicht mehr, denn es ist wie üblich eingeschlafen. Es schläft überhaupt sehr viel, eigentlich fast immer. Manchmal hat es Alpträume, in denen es mit extremer Geschwindigkeit in einer mit schwarzem Blut gefüllten Kogge auf Rädern über einen Waldweg donnert – wie ein sturmgezaustes Segel flattert vom Mast die Nabelschnur. Danach rast das Herz noch schneller als sonst, ohnehin rast das Herz die ganze Zeit über. Es ist das Einzige, was bei diesem körperlichen und seelischen Wrack noch rast.

Die nächste Runde. Schon wieder saust das Paar an mir vorbei. Bestimmt haben sie sich damals beim Laufen kennengelernt. Woche für Woche sind sie einander entgegengerannt – sie im und er gegen den Uhrzeigersinn –, da mussten sie ja zwangsläufig Funken schlagen: »Du hast einen hübschen Laufstil.«

»Was?« Und schon wieder vorbei …

»Wollen wir uns nicht mal …?«

»Waas?« Und schon wieder vorbei …

»Ich glaube, ich habe mich in dich verliebt.«

»Waaas??«

Seitdem laufen sie zusammen – natürlich im Uhrzeigersinn. Schnell kam denn auch, was kommen musste: An einem diesigen Novembermorgen bliesen zwei scheue Rehe auf einer menschenleeren Lichtung im Park zum ersten Halali und erweiterten das Kamasutra um »die geile Gazelle«, eine anspruchsvolle Figur aus nahezu vollem Lauf. Nahezu, denn wegen dieses sprichwörtlichen »Quickies« wurde aus der gewohnten Siebeneinhalbminutenrunde nur eine Neuner.

Kein Kind der Liebe entsteht, sondern ein Kind des Tempos. Eine Frühgeburt, »vom Esel im Galopp verloren« und anschließend »im D-Zug durch die Kinderstube gerast«. Die Kindheit verläuft nicht schön, aber schnell. Bereits mit 14 ist sie vorbei, als unser Kind beschließt, von nun an keinen einzigen Schritt mehr zu tun und überhaupt sämtliche Verkehrsmittel zu meiden.

Doch das ist zurzeit noch reine Zukunftsmusik in Moll. Während der nächsten Runde gelingt es mir erstmals, einen kurzen Blick auf das Kind zu erhaschen, dann sind die Eltern auch schon wieder vorbei. Das Kleine sieht eigentlich gar nicht so unglücklich aus. Das kommt wohl erst noch.

Der Idiot

Auf Höhe des Tiergeheges in der Hasenheide kommt ein Mann auf mich zu. Leider erkenne ich nicht auf Anhieb, dass er verrückt ist. Sonst wäre ich sicher rechtzeitig weggelaufen.

»Gott«, schreit er, »Gott!« Das beziehe ich zunächst nicht auf mich, warum sollte ich auch, ich bin nicht Gott.

»Gott, du bist groß«, ruft er, »du bist mächtig! Diese Geschöpfe hast alle du gemacht – sie sind so wunderschön!« Bei den letzten Worten jault er unvermittelt auf, als hätte er in den falschen Gang geschaltet, und zeigt mit weit ausholender Geste auf die grasenden Hirsche, die mit breiter Brust am Zaun stehen und offenbar stolz auf das zweifelhafte Lob eines Verrückten sind.

Ich an ihrer Stelle würde mir mal gar nichts darauf einbilden. Ich bilde mir ja auch nichts darauf ein, für Gott gehalten zu werden. Denn dass dem so ist, wird spätestens klar, als der Mann mich leicht an der Schulter packt, um mir stakkatohaft ins Gesicht zu seiern: »Danke, Gott! Danke, dass du all diese Tiere gemacht hast!«

Ich hab aber keine Tiere gemacht. Das müsste ich wissen. Ich hab ja noch nicht mal Menschen gemacht, obwohl ich da immerhin theoretisch wüsste, wie das geht. Und ich habe auch nicht vor, Tiere zu machen, da fühle ich mich nicht kompetent, das ist ja wohl am ehesten noch die Aufgabe der Tiere selber. Genau so sieht es aus: Die Tiere sollen Tiere machen bis zum Abwinken, und dann kann der Idiot sie von mir aus dafür anschreien, aber bitte nicht mich.

»Ich bin nicht Gott«, sage ich leise, aber bestimmt.

»Danke, Gott.« Der Depp hört anscheinend nicht zu, oder er glaubt mir nicht. »Gott, Gott, Gott.« Er läuft nun neben mir her, lächelt, strahlt. Das zeigt doch umso mehr, dass er verrückt ist.

Während ich erneut bekräftige, dass ich nicht Gott bin und er mich verwechseln müsse, beschleunige ich meine Schritte. Woraufhin er ebenfalls schneller geht. Ich beginne mich unwohl zu fühlen. Wie kommt der Mann dazu, mich für Gott zu halten? Ich trage knielange Shorts, ein T-Shirt mit einem typischen Urlaubsmotiv und himmelblaue Schläppchen an den Füßen. Ist es das? Sieht so Gott aus? Ich versuche mir diverse Fresken ins Gedächtnis zurückzurufen, doch nirgendwo kommen Badeschlappen vor.

Wie lange will der Bekloppte eigentlich noch hinter mir herrennen und mich lobpreisen? Ist der ab jetzt immer mit dabei? Was werden meine Freunde und Kollegen sagen? Die wollen sicher irgendwann nichts mehr mit mir zu tun haben, wenn ich jedes Mal mit diesem Schwachkopf im Schlepptau auftauche. Wie sieht das denn aus?

Auf den Bänken am Gehege sitzen Eltern, die Zeit haben für ihre Kinder. Sie gucken schon zu uns her. Das ist mir peinlich. Die Blicke der Elternzeit-Eltern wirken fast ein wenig feindselig. Wahrscheinlich glauben sie, ich hätte mich fälschlicherweise für Gott ausgegeben, nur um mich hier öffentlich feiern zu lassen. Oder aber sie denken, ich bin's, und sie können Gott nicht leiden, weil er zugelassen hat, dass der Höchstsatz bei 1800 Euro gedeckelt wird.

Ich strebe dem Rand der Tieranlage zu, der Wahnsinnige verfolgt mich weiter. »Ich möchte mitkommen, Gott«, bettelt der krankhafte Kreationist, »ich will bei dir bleiben. Darf ich bei dir bleiben?«

»Nein«, sage ich entschieden. Ich bin mir sicher, dass es so besser ist. Für uns beide. Wir hätten in dieser Rollenkonstellation garantiert schnell Probleme bekommen. Auch das lege ich ihm in gebotener Kürze dar: »Lass mich! Geh weg!«

Enttäuscht bleibt er hinter mir zurück. »Schade, Gott!«

Mein Rücken verspannt sich, und eine ungute Vorahnung beschleicht mich. Was ist, wenn in seinem Kopf nunmehr die Stimme eines anderen Gottes flüstert: »Du musst diesen falschen Gott enthaupten und seinen Kopf auf der Minigolfanlage vergraben!«

Zum Glück passiert jedoch gar nichts. Gott sei Dank!

Spatzen

Auf dem Uferweg blitzt vor mir etwas Rundes silbrig auf, als habe da jemand ein Zweieurostück verloren und in den weichen lehmigen Boden getreten. Doch beim Näherkommen entpuppt sich die vermeintliche Münze als silberfarbener Kronkorken einer leider nicht zum ersten Mal durch äußerste Perfidie aufgefallenen Bremer Brauerei.

»Es ist nur ein Kronkorken«, bete ich mir mantragleich den kurzen Satz vor, der mein Leben treffender zusammenfasst, als dies ein Roman oder ein ellenlanges psychologisches Gutachten je vermocht hätte. Der Kronkorken als Symbol sich stetig wiederholender Enttäuschung. Immer wieder lässt mich das grausame Schicksal kurz am Glück schnuppern, nur um es mir im selben Moment mit hässlich meckerndem Gelächter wieder zu entreißen. Es wäre ja auch zu schön gewesen, hier zwei Euro zu finden, um sie zu den zweihundertfünfzig anderen in mein brandneues Portemonnaie zu stecken. Ach, ich wünschte, ich wäre tot.

Mit einem Mal fühlt sich der eben noch entspannte Sonntagsspaziergang an wie mein persönlicher Kreuzweg nach Golgatha. Hin und zurück. Mit Bleiweste. Und die Profiteure meines Unglücks sind ebenfalls nicht weit: Wie niedliche kleine Geier kommen Spatzen aus der Hecke herausgesprungen, hüpfen um mich herum und tschilpen mich frech und herausfordernd an. Die schlauen Burschen spüren, dass ich psychisch und physisch zu geschwächt bin, um mich gegen sie zu wehren. Sie riechen den Restalkohol des Vorabends, hören mein Wehklagen wegen des Kronkorkens und sehen den Verband um meine linke Hand. Die Kräfteverhältnisse halten sich ungefähr die Waage, und es ist vollkommen offen, wie die Sache ausgeht. Zwar bin ich viel größer als sie, aber sie sind viele und sie können beide Flügel benutzen. Außerdem brauchen sie nichts zu riskieren. Sie müssen nur weiter beharrlich um mich herumhüpfen und tschilpen, bis ich zermürbt zusammenbreche und sie mich in kleine Stücke gepickt ins Gebüsch zerren können. Schließlich haben sie alle Zeit der Welt. Sie können warten – wenn es sein muss, jahrelang.

Unter der Wucht ihrer subtilen Attacken lasse ich mich erschöpft auf eine Bank sinken. Triumphierend hüpfen die Spatzen um meine Füße herum. Sie werten das wohl als Teilerfolg und haben damit auch noch recht. Immerhin ist meine Fluchtbewegung vorerst gestoppt und der Fluchtweg abgeschnitten.

Bevor sie sich endgültig über mich hermachen, verleiben sie sich als Vorspeise die herumliegenden kleinen Brotstückchen ein. Dabei mache ich eine merkwürdige Beobachtung: Ein dem Gefieder nach jüngerer, aber sichtlich ausgewachsener Spatz sperrt wie ein Nesthocker und wird von einem älteren mit Brot gefüttert. Das wirkt, als würde einem 14-Jährigen von der Mutter noch die Brust gegeben. Oder sagen wir eher einem 25-Jährigen, denn ein Mensch ist schließlich noch nicht richtig flügge, solange er weder Ausbildung noch Studium beendet hat.

Mit einem Mal fällt mir auf, dass ich nach diesen Kriterien streng genommen selber noch nicht flügge bin. Heimlich halte ich Ausschau nach einer adäquaten 70-Jährigen, an deren schlaffer Brust ich nuckeln möchte. Bis ich eine finde, sperre ich schon mal mit weit offenem Mund. Die Spatzenmutter muss doch merken, dass dieser riesige graue Vogel im blauen Pullover noch ein Jungtier ist. Vielleicht lassen mich die anderen dann auch leben.

Die Bedeutung des bösen Mannes
in der modernen Gesellschaft

Auf der anderen Seite des Landwehrkanals tigert ein Mann aggressiv herum und brüllt. Er ist ein böser Mann – das sehe ich gleich. Gattung: böser Mann, Beruf: böser Mann, Nationalität: böser Mann, besondere Kennzeichen: böser Mann. Wie ein sprungbereites Raubtier schleicht er bedrohlich durch die Reihen der Sonnenbadenden, die automatisch ihre Köpfe einziehen. Gerade waren sie noch entspannt, lasen, redeten, träumten, rauchten oder blinzelten in die Sonne. Jetzt denken sie vermutlich angestrengt nach: »Geh endlich, geh, hau ab, Psychopath, belästige andere, geh weg, geh woanders hin, geh tot …«

Die Erholung ist mit einem Schlag dahin, das geht immer schnell in Neukölln, doch sie kommt auch schnell wieder zurück. Ich sitze zum Glück am gegenüberliegenden Ufer und verstehe zunehmend die militärische Rückzugstaktik des Brückensprengens.

»Lisa«, schreit der böse Mann immer wieder, laut, klagend, böse: »Lisa!«

Die entgegenkommenden Fußgänger weichen dem Mann in weitem Bogen aus. Aus der Ferne wirken die Laufwege wie eine physikalische Versuchsanordnung einander abstoßender Magneten, die Planetenbahnen simulieren sollen. Trotz des Sicherheitsabstands zieht sich ein Radfahrer den Zorn des bösen Mannes zu: Er sei eine Fotze, solle herkommen, wenn er ein Mann sei, solle kämpfen, ach nein, er sei ja kein Mann, er sei eine Fotze, ein Arschloch, eine Fotze.

Der Radler kann diesen widersprüchlichen Informationen offenbar wenig abgewinnen und fährt weiter, ohne anzuhalten. Womöglich will er sich auch nicht den schönen Tag verderben. Und dann kommt endlich Lisa.

Lisa ist ein winzig kleiner, braunweiß gefleckter Hund. Bei ihm ist ein anderer böser Mann mit einem weiteren Hündchen derselben Sorte. Offenbar sind die beiden bösen Männer Freunde. Böse und doch vertraut blaffen sie einander an. Es beruhigt mich, dass auch solche Menschen noch Freunde haben, und es ist nur natürlich, dass sie beide böse Männer sind. Gleich und Gleich gesellt sich gern, und wer sonst möchte schon mit so einem befreundet sein. Wäre ich ein böser Mann, würde ich ganz gewiss ebenfalls die Gesellschaft böser Männer suchen. Man kann den ganzen Tag gepflegt zusammen böse sein, liebe Menschen terrorisieren, rumkrakeelen, saufen, das ganze Programm eben.

Immerhin beweisen die beiden ja einen gewissen Sinn für Ironie, wobei es fast ein neuer Trend zu sein scheint: Immer öfter sieht man sehr böse Männer zusammen mit lächerlichen kleinen Hunden. Schlau unterlaufen sie so die holzschnittartigen Erwartungen ihrer Umgebung, indem sie eben nicht mit Pitbulls oder Hyänen auftreten, und unterstreichen zugleich mit Hilfe der Schoßhündchen kontrapunktisch ihre eigene Gefährlichkeit.

Ohne sich dessen intellektuell direkt bewusst zu sein, wollen sie instinktiv irritieren und unsere uralten Vorurteile in Frage stellen: Der Führer hat einen Schäferhund und die kleine Carola aus der Parallelklasse eine Siamkatze – Schubladen für Denkfaule, die wir ab jetzt getrost vergessen können. Diese Erkenntnis ist natürlich unbequem, gerade wenn ich sehe, wie die beiden bösen Männer nun gemeinsam weiterpöbeln, in doppelter Lautstärke, während die Hündchen kläffend um sie herumspringen. Aber Kunst, die verändern will, muss unbequem sein, sich entfernen vom großbürgerlichen Konsumismus eines klassischen Wohlfühltheaters. Ich glaube, die bösen Männer ahnen gar nicht, was sie hier überhaupt leisten.

Denn durch die Bank sind es brave böse Männer, die uns den Spiegel vorhalten. Genau das ist ihre gesellschaftliche Aufgabe. Liebe Männer bringen uns da echt nicht weiter. Die kann man getrost in die Tonne treten mit ihrem ständigen »Ach, ich weiß nicht, Liebste, willst du noch eine Limonade?«-Gesäusel. Dabei nehmen die bösen Männer sogar erhebliche Unannehmlichkeiten in Kauf, das ist ja auch nicht einfach: Fortwährend müssen sie Stunk machen, der Alkohol ist ungesund, der Kopf schmerzt – und dazu noch immer diese kleinen Hunde, die ständig im Weg stehen oder verlorengehen. Überdies nerven oft die anderen bösen Männer, und so mancher böse Mann sinniert: »Ach, wäre ich bloß ein lieber Mann. Das ist alles so anstrengend, meine Faust ist blutig, meine Kehle rau vom Grölen, und alle gucken mich immer so ängstlich an.«

Das verletzt den bösen Mann natürlich. Kurz seufzt

er traurig und böse, doch dann macht er weiter. Er ahnt, dass er gebraucht wird, und er kann ohnehin nicht aus seiner bösen alten Haut. Bei allem Verständnis: Bevor er auf meine Seite des Kanals herüberkommt, packe ich lieber meinen Kram zusammen.

Turnvater Jahns Erben

Wir haben uns gerade im Gras niedergelassen, als hinter uns – heißa hopp! – eine Gruppe junger Kasper herbeigesprungen kommt. Die Kasper packen allen möglichen Kasperkram aus und fangen an, damit herumzukaspern. Jonglierkegel sind dabei, Jonglierbälle und ein komisches buntes Stöckchen, das man auf zwei anderen komischen bunten Stöckchen balanciert. Ein Oberkasper stakst, gestützt von zwei Hilfskaspern, auf kurzen Krummstelzen herum. Was von weitem so aussieht wie die Velociraptoren aus *Jurassic Park*, ist zum Glück doch nur gefährlich für sie selber, sobald sie ungebremst nach vorne auf die Fresse fallen. Die Damen und Herren Kasper sind mit Feuereifer bei der Sache. Bestimmt denken sie, dass sie, sofern sie nur fleißig üben, ihren Kasperkram gewiss bald gut beherrschen werden. Ich glaube das ja nicht.

Aber vielleicht kaspern sie ja auch ohne Ziel und Zweck – Hauptsache, Kasperei ist gerade angesagt. Denn besonders die eine große Wiese in der Hasenheide sieht an schönen Abenden aus wie ein riesiges Gauklerheerlager. Mit Kind und vor allem mit Kegel. Der letzte Schrei in Sachen Kasperkram sind diese Seile, auf denen man balancieren kann, wenn man denn könnte. Sie spannen sich derart kreuz und quer zwischen sämtlichen Bäumen des Parks, dass dieser wirkt wie ein gigantisches Spinnennetz, aus dem in einem fort Spinnen mit farbenfrohen Röckchen oder Anglerhüten purzeln. Zwar ist noch kein Meister vom Himmel gefallen, doch der grobmotorische Massenpfusch erinnert mich fatal an meine Tanzstunde. Dazwischen hampeln hilflos Einradfahrer herum. Im Grunde fehlen nur noch Clowns, die mit Riesenlatschen über den Rasen stolpern, schlechte Witze reißen und einander Sahnetorten in die weißgeschminkten Gesichter klatschen. Wahrscheinlich üben die auf einer anderen Wiese. Noch.

Bis vor wenigen Jahren bestand der verlässlich einzige Anblick akrobatischer Natur aus verhornten Freaks, die mit einer Hand kunstvoll ein Langblatt bauten, während sie mit der anderen Hund und Pulle bändigten. Und auf einmal machen alle nur noch auf gesund, aktiv und aerodynamisch. Ich deute diese crazy Flashmob-Version von Turnvater Jahns Erben als konzertierte Verschwörung von FDP, AOK und Kreuzkölln-Sagern. Was ist bloß aus der überaus edlen Kunst des gemeinschaftlichen Drogen- und Alkoholkonsums in öffentlichen Parks geworden? Auf der anderen Seite sollte solcherlei rauschhafter Zeitvertreib ohnehin eher uns älteren Semestern vorbehalten bleiben – wir können das einfach besser.

Vielleicht kann man sogar froh sein, dass sich die jungen Menschen hier mit etwas anderem beschäftigen, sieht man doch am Beispiel Mauerpark, dass jüngere Leute das gepflegte Abhängen längst nicht mehr korrekt beherrschen. Selbst die simpelsten Teildisziplinen, wie eine Flasche Bier in Ruhe auszutrinken und anschließend das Leergut angemessen zu entsorgen, werden fehlerhaft ausgeführt: Da wird dann eben mal die noch volle (!) Flasche auf einen Polizeiwagen geworfen, und es entstehen Flächenbrände beim hilflosen Versuch, sich einen Joint anzuzünden. Womöglich sollte man die Jugendlichen mit Hilfe von Übungsflaschen aus Plastik oder Schokoladenzigaretten langsam an die Herausforderungen heranführen. Bis es so weit ist, kann mit Jonglierbällen natürlich weniger passieren.

Obwohl ich mir da auch wieder nicht so sicher bin. Immerhin muss man auf Schritt und Tritt aufpassen, um nicht irgendwelche Kasperinstrumente an den Kopf geschmissen zu bekommen, über aufgespannte Gehseile zu stolpern oder von einem Anfänger auf dem Einrad überfahren zu werden. Und in der Nacht wird es noch gefährlicher, denn mit der Dunkelheit kommen die Clowns …

Andere wären froh

»Herr Hannemann! Ich mach das nicht mehr mit, Herr Hannemann«, zetert es neben mir. Normalerweise haben die Arzthelferinnen in diesem Haus Nerven wie Drahtseile. Die hier offensichtlich nicht.

Ich sitze in Verbandsraum C 125 der im Volksmund »Rixdorfer Knochenmühle« genannten größten Neuköllner Heilkundefabrik. Mehrere Orthopädiepraxen auf zwei Stockwerken, dazu auf weiteren vier Etagen Sanitärbedarf, Krankengymnastik, Schmerzzentrum und Pathologie. Hier ist es immer voll. Die Patienten werden im Akkord durchgeschleust wie auf dem Schlachthof. Zack, Tür auf. Zack, rein. Zack, guten Tag. Zack, untersucht. Zack, an den Beinen aufgehängt. Zack, Bolzenschussgerät.

Nee, Bolzenschussgerät nicht. Das ist auch nicht nötig bei dem kranken Fleisch, das hier versammelt ist. Warten genügt. Am Empfangstresen wird mit Krücken und Holzbeinen um die beste Ausgangsposition für die anschließende Reise nach Jerusalem gefightet. Die wenigen Stühle im Wartebereich sind heiß umkämpft; wer stehen kann, der steht, und der Rest liegt am Boden. Tot oder lebendig – das stellt nach Feierabend erst die Putzfrau fest.

»Ich hab mich den Freitag nach Himmelfahrt extra

freistellen lassen, Herr Hannemann. Ich hab gesagt, ich mach das nicht mehr mit – nicht dieses Jahr!«

Es ist der Montag nach Himmelfahrt. Meine Hand ruht auf einer Liege, sie müsste frisch verbunden werden, doch die Arzthelferin teufelt in einem fort auf mich ein, dass sie das nicht mehr mitmache. Aber was denn überhaupt? Und vor allem: Was hat das Ganze mit mir zu tun?

Ihre Nerven müssten eigentlich erholt sein. Schließlich hatte sie gerade vier Tage frei. »Lass mich rein!« faucht sie den Computer an. Vor dem Zimmer Geschrei. Terminstreitigkeiten auf Deutsch, Türkisch und Arabisch. Dann ein Knall. Das klang jetzt aber doch nach Bolzenschussgerät.

Meine Helferin nimmt keinerlei Notiz davon. »Sind Sie von uns operiert worden?«

»Nein«, sage ich. »Im Krankenhaus. Ich wusste gar nicht, dass das hier auch gegangen wäre.«

»Doch! Deswegen habe ich mir erlaubt, das zu fragen.« Schnippisch klingt das und vorwurfsvoll. Einmal mehr komme ich mir freundlich angebrüllt vor. Die Kunst des freundlichen Anbrüllens ist eine über Jahrhunderte gepflegte Tradition Neuköllner Arzthelferinnen. Sie nahm ihren Ursprung, als märkische Scharfrichter begannen, sogenannte »Hauweiber« als Henkersgehilfinnen zu beschäftigen, die den Schaft des Richtbeils mit bunten Waldblumen umkränzten, um der düsteren Hinrichtungsatmosphäre ein lebensbejahendes Element beizumengen. Konterkariert freilich durch lautes Gekeife wie »Stellen Sie sich nicht so an!«, »Andere wären froh!« oder »Ich mach das nicht mehr mit!« Weitergepflegt sah sich die Tradition durch die »Schindmähren«, preußische

Lazaretthelferinnen während der napoleonischen Kriege, die fluchend die Karren mit den Verwundeten durch den tiefen Schlamm zogen.

»Wissen Sie, was am Freitag nach Himmelfahrt hier immer los ist, Herr Hannemann?«, schrillt die Dame weiter, während sie versucht, den Rechner durch Schläge mit der flachen Hand zur allfälligen Mitarbeit zu animieren.

»Nein.« Ich weiß es nicht, und ich verstehe auch nicht, woher ihre Wut rührt. Es hat doch schließlich geklappt mit ihrer Freistellung vom Himmelfahrtskommando.

»Wenn die am Herrentag rudelweise besoffen vom Fahrrad plumpsen, und wir dürfen sie danach zusammenflicken. Herr Hannemann! Das sind alles so Männer, denen ihre Frauen zu Hause das Trinken verbieten. Also, wenn die abends zum Essen noch nicht mal ein Glas Bier trinken dürfen. Und dann aber: Wehe, wenn sie losgelassen!«

»Ich war's nicht«, maunze ich unterwürfig, »ich hab da nicht mitgemacht«, und ducke mich instinktiv. Bestimmt wäre es ihr ein Leichtes, mich jetzt einfach zu verprügeln, beseelt von heiligem Zorn – zumal ich nur eine Hand hätte, um mich zu wehren. Dabei sage ich die Wahrheit: Was soll ich am Herrentag auf der Straße? Ich würde mich doch auch nicht freiwillig an die Front melden. Außerdem bin ich gottfroh, wenn ich mal einen Tag nicht saufen muss. Doch in ihren Augen trage ich vermutlich für alle Zeiten mit an der kollektiven Urschuld des Mannes als potentieller Säufer, Vergewaltiger und Kassenpatient.

Davon abgesehen brauche ich hier nur aus dem Fenster und auf die Sonnenallee zu blicken, um an ihren Worten zu zweifeln. Es mag da draußen durchaus die eine oder andere Frau geben, die ihrem Mann das Glas Bier verbietet, da sie nicht abspülen will, doch dann trinkt er es eben aus der Flasche wie alle hier.

»Also, mein Mann ist nicht so«, erläutert sie ungefragt. »Ich hab da keine Schwierigkeiten.«

Das kann ich mir vorstellen. Wie sie abends aus der Knochenmühle nach Hause kommt und ihr Mann aus dem Klärwerk. »Willst du ein Glas Bier?«, fragt sie, wobei sie die Worte »ein«, »Glas« und »Bier« betont. »Gerne«, murmelt der Mann. Kaum wagt er, den Blick zu heben. Aber er freut sich. Darüber, dass er so eine lockere und tolerante Frau hat, und natürlich auf das Bier. Im Nu steht es auf der gestärkten rot-weiß karierten Tischdecke. Eine schöne Schaumkrone wie in der Fernsehwerbung. Apropos: Vielleicht darf er nachher sogar fernsehen zur Feier des Tages. Musikantenstadel. Wie toll wäre das denn!

Doch zuerst hört er ihr zu. Sie hatte einen harten Tag: Der Computer streikte, die Türken schrien, im Verbandsraum saß ein bedrohlich schweigender Patient mit so einem merkwürdigen Zucken im Augenwinkel. Sie erlebt immer so viel. Er selbst hat nur wieder den ganzen Tag Scheiße geschippt.

»Ich bin auch nicht so«, unterbreche ich meine eigenen Gedanken. Sie glaubt mir wohl nicht, denn sie verlässt ohne ein weiteres Wort den Raum. Eine ihrer Kolleginnen verbindet mir bald darauf die Hand.

Sommer 2011: Ein einziger Reinfall

Vor der »Ankerklause« ist es herrlich frisch, wie eigentlich immer, seit ich denken kann. Die Bedienung in ihrem schicken Südwester bringt uns heißen Tee, während Kröten im nasskalten Moos über unsere Gummistiefel krabbeln. Pilze wuchern aus dem grünschimmligen Schlick, der feucht die Häuserwände überzieht. Wolken in den Farben hellgrau, dunkelgrau und bleigrau türmen sich im stürmischen Nordwind zu beeindruckenden Formationen auf.

Doch kaum merklich beginnt sich die Atmosphäre dieses bis dahin so ungetrübt trüben Junitages zu verändern. Dass etwas nicht stimmt, bemerke ich zunächst daran, dass ich auf einmal ohne Taschenlampe die Zeitung lesen kann. Natürlich denke ich erst mal an das Naheliegende, ein heftiges Kältegewitter mit einer derart dichten Blitzfolge, dass es bequem zum Lesen reicht.

Dann deutet Q. mit schreckgeweiteten Augen gen Himmel. Als ich dem Blick meiner Freundin folge, trifft mich schier der Schlag. Fast direkt über unseren Köpfen hat sich ein unerklärliches Wetterphänomen gebildet: ein nahezu kreisrunder Wolkenfleck in einem so hellen Hellgrau, wie wir beide es noch nie gesehen haben. Unwillkürlich zitternd, fassen wir uns an den Händen: Was für ein entsetzliches Schauspiel!

Das Hellgrau wird noch heller. Wir wagen gar nicht mehr aufzublicken. Die ganze Umgebung ist auf einmal unnatürlich hell erleuchtet. Die Augen schmerzen. Ein paar Gäste rufen laut um Hilfe. Lokalbedienstete hasten herbei, ziehen verstaubte, dunkel getönte Brillen aus dem Erste-Hilfe-Koffer und setzen sie den zum Teil ohnmächtig gewordenen Lokalgästen auf. Wer noch kann, stürzt nach drinnen, hinein ins rettende Dunkel.

Draußen aber wird es auf einmal warm. Wir bleiben. Wohin auch fliehen? Einer Naturkatastrophe kann man ohnehin nicht entkommen. Auch meine ich nun, als kleines Kind in einem Film über Afrika mal einen ähnlichen Leuchtkreis gesehen zu haben. Als ich meine Mutter danach fragte, zog die mich allerdings in eine noch dunklere Ecke, bohrte mir eindringlich den Zeigefinger in die Brust und zischte scharf: »Das ist nichts! Du hast nichts gesehen!« Am nächsten Tag wurde der Fernseher aus dem Haus geschafft, und mit der Zeit vergaß ich die Geschichte. Bis eben.

»Eigentlich ganz angenehm«, meint Q. nun und zieht sich den Regenmantel aus. Einen solchen Fatalismus hätte ich ihr gar nicht zugetraut. Aber sie hat recht, die Temperatur ist wirklich angenehm. Und das Licht macht beinahe gute Laune. Irgendwie verstehe ich jetzt, warum die Afrikaner oft einen fröhlicheren Eindruck machen als wir Europäer. Wenngleich das leider nur eine Momentaufnahme sein dürfte, eine Zwischenstufe, bevor wir in Kürze alle elendiglich verglühen.

Denn es handelt sich sichtlich um eine Art Strahlung, die aus dem sich verstärkenden Loch in der schützenden Wolkendecke ungehindert auf uns einsengt. Und wir schwirren hier noch neugierig herum wie die Motten um die Kerzenflamme. Im Grunde ist das Wahnsinn, denke ich, doch zum Glück schiebt sich nun eine bildschöne schwarze Wolke vor das gleißende Inferno. Vermutlich gerade noch rechtzeitig, bevor unsere pergamentartig weiße Haut in Flammen aufgeht.

»Mein Gott, was war denn das?«, finde ich erst jetzt die Sprache wieder.

»Das war die Sonne«, krächzt es plötzlich unheimlich vom Nachbartisch. Erst jetzt bemerke ich den uralten Mann mit dem schlohweißen langen Bart und der unnatürlichen, fast leicht gebräunt wirkenden Runzelhaut. Er muss die ganze Zeit über unbeweglich dort gesessen haben. Entweder hat er Nerven aus Stahl oder er ist längst schwachsinnig geworden.

»Die was?«, fragt Q. »Die Sonne?« Ihrem Tonfall nach zu schließen, fühlt sie sich gewaltig verarscht.

»Ja, hab ich auch verstanden: ›Sonne‹«, pflichte ich ihr bei.

»Die Sonne«, keckert der alte Mann. »Soll ich mal buchstabieren? S-O-N-N- E. Die Sonne. Sie scheint.«

»Die Sonne scheint …? Sie scheint *was*? Sprechen Sie doch weiter, Mann!«

»Früher hat die Sonne manchmal den ganzen Tag geschienen. Damals, als ich ein kleiner Junge war. Besonders im Juni war oft schönes Wetter.«

»Aber jetzt ist doch schönes Wetter«, deutet Q. auf die herrlichen taubeneigroßen Hagelkörner, die der Sturm zu kunstvollen kleinen Häufchen zusammenbläst.

»Papperlapapp«, schnarrt der Alte. »Früher war alles besser. Statt Algen und Schlick gab es Brot zu essen – das schmeckte zehnmal angenehmer. Deutschland war keine Insel, und es gab noch andere Länder, gegen die man Fußball spielen konnte …«

»Wasserball«, verbessere ich.

»Nein, Fußball«, raunt der Alte. Der Irrsinn lässt seine Stimme brechen. Wissend blicken wir einander an: »Sonne«, »Brot«, »Fußball« – inzwischen ist es sonnenklar, dass ihm wohl schon als Jugendlicher der Großteil der Gehirnzellen weggebrutzelt wurde. Er erhebt sich mit einer angedeuteten Verbeugung, weckt seinen schlafenden Schoßlurch, der die ganze Zeit angeleint unter dem Tisch geschlummert hat, und geht. Bestimmt der »Sonne« entgegen. Armer alter Mann.

Vom Umgang mit lustigen Leuten

Auf dem Anrufbeantworter ist die Stimme eines mir unbekannten jungen Mannes. Er bittet mich als Lesegast zu einer Veranstaltung. Nach jedem Halbsatz kichert er los wie eine hysterische Hyäne.

»Hallo, hier ist der Malte. Wir wollen da im Juli so 'ne Veranstaltung machen – hahaha – im Keller von so 'm Schiff mit Feuerschluckern, Clowns und Lyrikern und so – hahaha – Motto is': ›In Rixdorf ist Musike, in Rixdorf ist Radau‹, und ich weiß nicht, vielleicht hättste ja irgendwie Bock, da – hahaha – mitzumachen, fänden wir ganz toll, ich weiß nicht. Rufste mal an, oder ich ruf an – hahaha. Weiß ja nicht, wann man bei dir anrufen kann, so als Schriftsteller – hahaha – also, um zwölf, bist du da schon wach, so als Autor – hahaha – da schläfst du bestimmt noch, vielleicht besser um eins – hahaha – oder um zwei? Ich kenn mich mit Künstlern ja nicht so aus – hahaha ...« Hier kriegt er sich schier gar nicht mehr ein und dann am Ende doch noch mal die Kurve: »... also, ich ruf dann einfach noch mal an. Hahaha.«

Ich weiß gar nicht, wie witzig ich das finden soll. Da spricht mir ein Wildfremder auf den AB, dass er mich für einen unorganisierten und lebensuntüchtigen Trunkenbold hält. So recht er auch haben mag –

gegenüber einem Unbekannten, der ihm nichts getan hat und von dem er obendrein etwas möchte, ist das schon ein wenig unhöflich.

Aber vielleicht denkt er ja auch, ich bräuchte das. Dieser ulkige Kauz, der gewiss mit roter Pappnase und Schellenkappe wiehernd vor seinem Rechner sitzt und lächerliche Geschichten schreibt. Hahaha. Mit dem kann er doch nicht normal reden, der kennt doch gar nichts anderes, denkt er. Sein Ding wär das ja nicht, aber wenn ich drolliger Schreibkasper mich damit wohl fühle, bitte sehr! Er kann sich auf die Leute einstellen, schließlich hat er im Zivildienst eine Theatergruppe mit geistig Behinderten geleitet.

Ich finde seinen Ansatz allerdings reichlich daneben. Der Schornsteinfeger wohnt doch auch nicht in einem Kamin, nicht jeder Politiker lügt nach Feierabend zu Hause seine Kinder an, und nur wenige Soldaten ziehen nach Dienstschluss mordend, plündernd und vergewaltigend durch die Straßen. Das wäre sogar richtiggehend verboten – streng offiziell dürfte das noch nicht mal die Polizei.

Ich habe aber auch Verständnis. Immerhin hat er gesagt, er kenne sich mit Künstlern nicht so aus. Wie soll er ahnen, dass ich privat ein zurückhaltender, langweiliger und vor allem komplett humorloser Typ bin, der oft tagelang voll innerer Zerrissenheit auf den leeren Monitor starrt, Tränen im Auge und Zweifel im Herzen, und sich jede noch so karge Pointe mit der rostigen Klinge der Selbstverachtung aus der wunden Seele schneidet? Mein zweiter Vorname ist Ernst.

Ich rufe zunächst nicht zurück. In den folgenden Wochen registriere ich, dass er noch mehrmals angerufen hat. »Die Waltraud und ich haben uns jetzt ein neues Motto überlegt: ›Unser Kiez soll klüger werden!‹ Gut, wa? Hahahaha!« Mehrere Anrufversuche folgen, ohne dass weiteres Hyänengelächter auf dem AB hinterlassen wird.

Eines Tages erwischt er mich endlich doch am Apparat.

»Na, da biste ja – hahaha.«

»Ja, da bin ich.«

»Biste schon wach, ich war mir da nicht sicher, ich weiß ja nicht – hahaha.«

Es ist sieben Uhr abends.

»Ab neun Uhr morgens kann man bei mir anrufen.«

»Ab neun Uhr morgens! Das ist gut. Das ist echt gut. Hahaha.«

Als hätte ich einen Witz gemacht. Ich kann sagen, was ich will: Mit jeder noch so nüchternen Aussage unterstreiche ich in seinen Augen meine Rolle als halbverrückter Bohemien. Und je sachlicher ich werde, desto mehr verstärkt sich am anderen Ende der Leitung nur das haltlose Schenkelklopfen. Endgültig außer sich gerät er, als ich seinen Vorschlag zurückweise, mir zwei Wochen vor dem Lesungstermin eine Erinnerungsmail zu schicken; ich trüge den Termin unter dem neuen Titel (»Die Waldi hat jetzt ganz was Irres: ›Kreuzkölln wuppt‹ …«) einfach in meinen Kalender ein und nähme ihn dann am entsprechenden Datum wahr.

»Ein Terminkalender – hahaha.«

»Ja. Aber wenn du die Mail zu deiner eigenen Beruhigung schicken möchtest, kannst du das natürlich machen.«

»Zu meiner eigenen Beruhigung – hahaha – Beruhigung.«

»Ja, Beruhigung«, sage ich sanft. Und denke: Ritalin. Haldol. Valium. Tramal. Baldrian. Starkbier. Holzhammer. Elektroschocks. Bochum gegen Bielefeld. Irgendwie muss man diesem Mann doch helfen.

Mit den Waffen der Freundlichkeit

Vor meinem Haus wird der U-Bahn-Eingang erneuert. Seit sieben Uhr früh, wie jeden Tag. Längst kenne ich sämtliche verwendeten Krachmachgeräte, und wenn ich schon alle kenne, dann kennen die Bauarbeiter sie erst recht: den Presslufthammer mit dem hellen Rasseln, den Presslufthammer mit dem tiefen Rattern, die Wummsramme mit dem dumpfen Dröhnen. Das wär's, mehr gibt es nicht. Kein Wunder, dass sie verbittert sind. Das ist wie bei notorisch unterforderten Zootieren: Ihre ursprüngliche Motiviertheit hat sich in eine Depression verwandelt und diese schließlich in Hass, den sie an sämtlichen Bewohnern dieser Straße auslassen. Nie wird auch nur fünf Minuten später angefangen, nicht einmal auch nur fünf Minuten Krachpause gemacht, selbst wenn es regnet und alles, was sie da bauen, auf der Stelle wieder weggespült wird. Hass sticht Sinnlosigkeit – so sind nun mal die Regeln im Quartettspiel des Bösen.

Ich nehme mir vor, diesen Teufelskreis zu durchbrechen. Nichts eignet sich besser zum Durchbrechen von Teufelskreisen als die Liebe, und zwar in Form von Freundlichkeit und Fürsorge für die Bauarbeiter. Die Zeit habe ich ja. Arbeiten kann ich bei dem Lärm sowieso nicht.

Ich rufe bei der U-Bahn-Eingangs-Bau-Verwaltung an. In den schillerndsten Farben schildere ich das Leid der Anwohner und die Nöte der Bauarbeiter. »So kann es nicht weitergehen, Frau Dings«, komme ich zum Wesentlichen, »die Herren brauchen endlich neue Krachmachgeräte.«

Frau Dings hat ein Einsehen. Das ist schön. Beschwingt lege ich auf und reibe mir die Hände. In der Küche schmiere ich nun Schnittchen für die Bauarbeiter: schön Schwarzbrot mit Allgäuer Emmentaler und dick Butter drauf, die gute Butter. Das ist gesund. Die sollen nicht immer nur Currywurst. Das bringt die nämlich auch schlecht drauf. Dann koche ich Pfefferminztee. Die sollen nicht immer nur Bier. Das ist gar nicht gut, kein Wunder, dass sie so aggressiv sind. Hartgekochte Eier und zwei schöne Äpfelchen. Ganz rot. Das macht rote Bäckchen, hei, wie das rote Bäckchen machen wird bei den Bauarbeitern. Und wie sie sich erst freuen werden, wenn sie ihr neues Krachmachgerät bekommen. Beim Gedanken an ihre leuchtenden Augen werde ich schon ganz zappelig.

Ich packe alle Sachen in ein Körbchen und bringe sie runter an die Baustelle. »Hier, Jungs«, überreiche ich ihnen die Gaben. Sie nicken. Hören können sie mich eh nicht. Ich packe ihnen die Schnittchen aus – sie haben keine Hand frei, weil sie ja keine Pause machen können mit dem Krach – und schiebe sie ihnen in den geöffneten Rachen. Anschließend bereite ich jedem einen Becher Tee vor. Bei der Hitze soll man ja was Warmes trinken. Den Tee gieße ich den Schnittchen hinterher. Sie kauen und schlucken eifrig. Das sieht ein bisschen niedlich aus, wie sie vor jedem Bissen und jedem Schluck sperren wie zwei große, schmutzige Kuckuckskinder.

Auf einmal hält ein riesiger Laster, hinten drauf ein ganz neumodisches Krachmachgerät. Das ging ja fix. Die Arbeiter sind begeistert. Hell glucksende Geräusche ausstoßend, rennen sie hin. Geschwind entfernen sie erst das Geschenkpapier und anschließend das Zellophan, das das empfindliche Gerät schützt. Ganz sanft streicheln sie ihr neues Spielzeug, so hat man die rauen Männer selten gesehen. So viel Gefühl, so viel Liebe, so viel Zärtlichkeit. Das Krachmachgerät ist die Braut des Bauarbeiters. Eine vollkommen veränderte Atmosphäre herrscht auf einmal auf der Baustelle. Leise gurrend wiegen sie das klobige Werkzeug in ihren schwieligen Händen, blitzschnell durchschauen sie seine Funktion, erfassen empathisch die Seele des metallenen Kaputtmachers: Es handelt sich um eine Art Hochdruckbrechreißramme mit tausend gewaltigen Eisenzähnen, die in Sekundenschnelle alles zu Feinstaub zerschroten, vom Hörnerv bis zum Stahlbetonträger.

Sie werfen das Gerät an, und es ist herrlich, es ist lauter als alles je zuvor Dagewesene – Hiroshima ist Bad Saarow dagegen. Sie lachen und freuen sich, und ich halte mir lachend die Ohren zu und freue mich mit.

Bevor ich wieder hochgehe in meine lärmdurchtoste Wohnung, schneide ich ihnen noch schnell die roten Äpfelchen auf und schiebe sie den emsigen Arbeitern zwischen die Kauleisten. Ihre Bäckchen werden im Nu rot, und dann werden sie blau und am Ende blass. Von Schneewittchens Stiefmutter lernen heißt siegen lernen.

Sex in der U-Bahn

In der U8 lese ich meinen angefangenen Roman weiter. Unterm Strich gefällt mir das Buch: Besondere Stärken liegen in der Zeichnung der Liebesgeschichte. Speziell das, womit so viele Autoren Schwierigkeiten haben, die Erotik oder, wie der Literaturwissenschaftler sagt: die »Fickszenen«, beschreibt der Autor für meinen Geschmack recht gut. Was bedeutet: Wenn ich schreiben könnte, würde ich das genauso machen.

Inmitten einer solchen Textpassage befinde ich mich gerade. Zwischen Alexanderplatz und Jannowitzbrücke fallen die Protagonisten längst überfällig zum ersten Mal übereinander her: *»Brünstig röhrte Erik auf. Längst hatte sein stahlharter Riemen von alleine den Reißverschluss gesprengt und sich aus seinem Gefängnis aus braunem Cord befreit. No more Dunkelhaft für Schweinchen Dick! Mit nervöser Hast rupfte er Cordula den kirschroten Designerfetzen herunter und drang mit einem satt schmatzenden Geräusch sofort klaftertief in sie ein. Geradezu maßgeschneidert schmiegte sich Eros' Wohngrotte um den hungrigen kleinen Mann ...«*

Auch neben mir schluckt es heftig. Eine Frau in etwa meinem Alter gibt sich wenig Mühe, zu verbergen, dass sie mitliest. Sie hat sich so weit zu mir herübergebeugt, dass ihr neugieriger Rüssel fast ins Buch hineinragt.

Ich mag das ja gar nicht. Selbst wenn es nur die Zeitung wäre, und natürlich liest mir keiner die Lettern weg. Ich kann meine Abneigung nicht genau begründen, und ich glaube, ich muss es auch nicht. Fremde Leute in der U-Bahn sollen bei mir einfach nicht mitlesen, fertig, aus. Fremde wohlgemerkt, denn mit wem ich die Spuckefäden teile, teile ich gerne auch die Buchstaben.

Hinzu kommt, dass das hier nicht die Zeitung ist: *»›Tok! Tok! Tok!‹ Wie ein Specht hämmerte Erik sein violett geschwollenes Glied in das glitschige Sumpfgebiet zwischen ihren Hinterbacken. Sie nahm seinen Rhythmus auf und erwiderte ihn mit einem Sperrfeuer aus Beckenbodenkontraktionen olympischer Qualität – jahrelanges Training, und doch ist Dabeisein alles. Cordula hechelte atemlos. Ihre Haut brannte wie Feuer. Gesicht, Brüste, Bauch, Oberschenkel und vor allem der Hintern glühten – ein paarungsbereites Pavianweibchen war nichts dagegen ...«*

Heinrich-Heine-Straße. Die Zeitung wäre mir lieber. Scheiße, ausgerechnet jetzt – vorher ging es dreihundert Seiten lang um Politik. Irgendwie ist mir das gerade ein bisschen peinlich. Auf einmal bin ich wieder jung und sehe mit meinen Eltern zusammen fern. Eine Sexszene flimmert über den Bildschirm. Pokerface. Alle gucken angestrengt hin und schweigen. Mit unserer Wirklichkeit hat das wenig zu tun, und die Sportschau wäre mir jetzt lieber.

Meine offenbar kurzsichtige Nachbarin lehnt sich nun beinahe an mich, als säße hier ein zweites Liebespaar. Tut es aber nicht. Das einzige Liebespaar vögelt in meinem Buch die Seiten wund, Moritzplatz, Kottbusser Tor, ganz egal: *»›Toktoktoktok‹, schwang der Klöppel seines Metronoms mittlerweile im Vierundsechzigsteltakt. Zuckend bäumte sich Cordula auf, für den Bruchteil eines Wimpernschlags schien die Welt stillzustehen, ehe die Dixi-Toilette am Rande des Suhler Sängerfestes unter einem wahnsinnigen Schrei erzitterte, der wie fremdbestimmt direkt aus ihrer Möse hallte, die Kehle unter kompletter Umgehung des Hirns nur als simplen Schallverstärker nutzend. Das wäre vermutlich noch nicht mal nötig gewesen ...«*

So, die Frau ist schon mal fertig. Und meine? »Sind Sie auch gekommen?«, bin ich um ein Haar versucht zu fragen, doch ich lasse mir weiterhin nichts anmerken, tue so, als sei sie nicht da, denn jetzt muss doch gleich Christian kommen – wir fahren schon in den Bahnhof Schönleinstraße ein, bald bin ich zu Hause.

»›So, und jetzt bitte einmal volltanken: Super‹, hauchte sie. Der Dirty Talk frisch aus der Tankstelle gab ihm den Rest: Immer unrunder und gleichzeitig heftiger – **Zurückbleiben, bitte!** *– nagelte sein Einspritzventil, bis er mit aller Macht unter hirschartigen Blöklauten kam. Schwer atmend und schweißüberströmt hielten sie einander umklammert. In dicken, sämigen Tropfen kleckerte sein Pudding aus ihrer Muschi wie die Füllung aus einer Streuselschnecke ...«*

Auch wir halten uns jetzt zitternd auf der Bank umklammert in diesem vollkommen überhitzten Waggon der U-Bahnlinie 8. Endlich ist der Hermannplatz erreicht. Wir machen uns voneinander los, steigen aus und verschwinden in verschiedene Richtungen, ohne einander noch eines Blickes zu würdigen. Das war ein echter Quickie, vom Alexander- bis zum Hermannplatz sind es kaum zwölf Minuten. Normalerweise lese ich nicht so schnell.

(Sämtliche Zitate aus: Frank Pospiech, Die Linde singt ihr Liebeslied, Verlag Drei Rauten, 2007)

Lose Kirschen

An der Kasse dauert es ewig. Die junge Auszubildende schiebt wie in Trance die Artikel der Kundin
vor mir über den Scanner. Am liebsten würde ich
meine Waren wortlos wieder vom Band nehmen, sie
in den Einkaufskorb zurückwerfen und damit zur
Nachbarkasse gehen. Das kommt mir dann aber doch
zu aggressiv vor. Sie lernt nun einmal noch und ist
dabei auch auf das Verständnis der Kunden angewiesen.

Doch es kommt noch schlimmer: Jedes Mal, wenn
ein komplizierter Artikel wie Obst, Gemüse oder
Brötchen ihren meditativen Fluss unterbricht, blättert sie mit der waidwunden Miene eines angeschos-
senen Rehkitzes minutenlang in den Preislisten über
ihrer Kasse, zum Teil mit erstaunlichen Resultaten.

»Also, ich finde die Trauben hier nicht.«

»Das sind Kirschen.« Die Kundin vor mir bleibt geduldig.

»Ach so, ich hab jetzt die ganze Zeit nach dunklen
Trauben gesucht.«

Nicht zum ersten Mal habe ich das Gefühl, dass die
jungen Menschen mit der Natur heutzutage längst
nicht mehr in dem Maße per Du sind, wie wir das früher waren. Wenn in harten Wintern Wolf, Bär und

Vielfraß heulend ums Haus schlichen, wusste ich, dass es sich um Wolf, Bär und Vielfraß handelte. Im Frühling schied ich den Dompfaff vom Gimpel, sommers die Blaubeere von der Tollkirsche und im Herbst den Apfel von der Birne. Die Natur war mir stets vertrauter Kamerad im Schützengraben einer ansonsten immer bedrohlicher erscheinenden Welt dort draußen.

Das geht mir durch den Kopf, während sie erneut endlos blättert. »Dann mach ich hier jetzt ›lose Kirschen‹, oder?«, fragt sie schließlich.

»Nein, am Baum«, hätte ich beinahe geantwortet, ach was, geschrien, kann den Schrei jedoch zum Glück noch hinunterschlucken, denn sonst hätte sie gewiss stundenlang nach »lose Kirschen am Baum« gesucht. Das ist nämlich genau das Problem, dass sie als Auszubildende sich nicht traut, einfach die Kollegin zu fragen: »Frau Ügürzoglu, kannst du mir sagen, was feste Trauben am Baum kosten?« Na ja, in diesem Fall vielleicht sogar besser so.

Ähnliche Diskussionen entspinnen sich um die Erdbeeren, die Äpfel und die Brötchen. Nur als zwei Limetten übers Warenband rollen, tippt sie die exotischen Früchte ohne zu zögern ein.

»Das ist richtig«, sagt die Kundin überrascht. Und auch ich werfe einen Blick auf das Kassendisplay: Tatsächlich, »Limetten« steht da. Limetten scheint sie zu kennen. Womöglich haben wir sie unterschätzt?

»Das ist richtig«, lobe auch ich nun die kleine Verkäuferin. Voller Stolz auf unsere gemeinsame Problemschülerin lächeln die Kundin und ich einander milde an. Was sollen wir auch sonst tun während der langen Zeit, und wir sind ja durchaus bereit, zu helfen – es ist schließlich noch keine Meisterin vom Himmel gefallen.

»Schauen Sie, da ist noch eine Limette«, deutet die Kundin auf eine zwischen den anderen Waren verborgene Edelzitrone. Ganz gütige Grundschullehrerin, präsentiert sie ihr auf dem Silbertablett die Chance, gleich nochmals mit frisch Erlerntem zu punkten. Doch die Auszubildende zertrümmert ihren guten Eindruck, indem sie schon wieder nach den Limetten blättert, die sie doch gerade erst abgerechnet hat.

Meine Augen forschen nun doch nach einer versteckten Kamera und meine Seele nach einem versteckten Sinn für meine weitere Persönlichkeitsentwicklung. Weder das eine noch das andere kann ich finden.

Es ist nichts als eine Quälerei für sämtliche Beteiligten. Die Kunden verbringen lange, sinnlose Stunden im Supermarkt, und das arme Mädchen steht für alle sichtbar am Pranger seiner eigenen Unfähigkeit. Wem ist damit gedient? Früher wurden junge Frauen, die dumm und hübsch zugleich waren, von hässlichen alten Adligen geheiratet, so dass sie zum einen gut versorgt und untergebracht waren und zum anderen in der Öffentlichkeit keinen Schaden mehr anrichten konnten. Warum nur ist dieser schöne und nützliche Brauch heute nicht mehr in Mode?

Aber wer hindert mich eigentlich daran, mit gutem Beispiel voranzugehen? So liegt, als ich endlich dran bin, auf dem Band vor mir nicht nur eine Scheibe Kassler, eine H-Milch und eine Großpackung dreila-

giges Klopapier, sondern auch ein ordentlich ausge-
füllter Heiratsantrag. Hoffentlich blättert sie nicht
zu lange.

Toleranz in Mitte. Toleranz in Neukölln

Beim Fußballtraining landet mein Befreiungsschlag ausgerechnet im Hof eines dieser neuen Elitebunker in der Linienstraße. Den Ball wiederzukriegen wird schwierig sein – das weiß ich bereits aus Erfahrung. Dennoch stehe ich kurz darauf an der Haustür und klingle. Es gibt nur vier Parteien, denn jede Etage beherbergt eine einzige Wohnung. Hinter zweien der Riesenpanoramafenster brennt immerhin Licht, doch keiner öffnet. Bestimmt identifiziert eine Kamera mich in Sportkleidung als Spam-Individuum vom verhassten Sportplatz nebenan. Spiellärm, Kindergeschrei und der Anblick unedler Menschen ist der neuen Mitte ein Dorn in Auge und Ohr. Wenn das Flutlicht nicht um Punkt halb zehn aus ist oder wenn gegrillt wird und abends am Vereinsheim zu lautes Lachen ertönt, wird verlässlich die Polizei gerufen. Und jeder Ball, der im Hof der Edelleute landet, bietet eine willkommene Gelegenheit, dem Gesindel eins auszuwischen.

Ins Haus hinein kommt man nur mit einer Chipkarte. Ich spähe durch eine Art Bullauge ins Innere. Alles wirkt wie ein Hochsicherheitstrakt. So schützen sich in Lateinamerika die Reichen vor den Armen. In einer Stadt, die der Kriminalstatistik nach auch gut als Kapitale des tolkienschen Auenlandes durchginge, nimmt sich eine solche Anlage hingegen lächerlich aus.

Ein etwa gleichaltriger Mann kommt auf mich zu. In der Hoffnung, dass er hier wohnt, spreche ich ihn wegen des Balles an. Er lässt mich nicht ausreden, sondern fragt mich, ob ich »zu dem Verein da« gehöre. Wie eitrigen Schleim wirft er die Worte aus. Ich bejahe, ist doch unsere Freizeittruppe dem Verein angegliedert. Sofort zetert er los: »Ich habe endgültig genug von Ihren Jugendlichen. Ihre Jugendlichen rotzen die ganze Zeit auf die Straße, und meine Kinder setzen sich dann da rein. Dieser Scheißfußballplatz – ich bin froh, wenn der wegkommt!«

Ich rezitiere lahm aus meiner inneren Sozialfibel, à la »andere Hintergründe und wenn es solche Fußballplätze nicht gäbe …«, doch er wählt wohl eine andere Partei. »Es gibt viel zu viel Toleranz«, herrscht er mich an.

Ich verstehe seine Logik. Wo immer Kolonialisten hinkamen, waren schon lästige Eingeborene da und trommelten, berlinerten oder spuckten. In diesem Fall mitten in der Stadt. Wo er herkommt, kennt man das gar nicht. Da gehört die wertvolle Altbausubstanz in der Innenstadt spätestens seit dem Krieg der wertvollen Menschensubstanz, während der Plebs in Trabantenstädten haust. Deshalb hat er gedacht, in Berlin sei das genauso. Ist es ja auch zunehmend, aber eben noch längst nicht ganz.

Der Makler ist schuld. Wäre der ehrlich gewesen, hätte er gesagt: »Wir haben das Aborigines-Problem leider noch nicht komplett im Griff, Sire. Aber wenn Sie bloß noch drei Jahre den Arsch zusammenkneifen, haben wir hier endlich noch den letzten Dreck raus aus der Gegend. Dann spuckt auch keiner mehr auf die Straße – es sei denn, er hätte eine kokaininduzierte Epilepsie«, könnte er allenfalls noch hinzufügen. Mein Mittemann hätte sich jedenfalls entscheiden können, ob er seine goldenen Gräten in der Zwischenzeit lieber in einem Villenvorort zwischenlagert oder gleich in einer oberschichtenfreundlicher strukturierten Stadt wie Hamburg oder Rio de Janeiro.

»Ich bin noch viel zu tolerant«, kläfft der Anwohner weiter auf mich ein. »Irgendwann packe ich die noch mal am Kopf und tunke sie da rein.«

Vielleicht würde es auch genügen, sie einfach anzusprechen, anstatt auf der Stelle zu tunken. Aber das traut er sich wohl nicht und wendet sich lieber an mich. Ich wirke wohl harmlos und zugleich seltsam zuständig. Dabei gibt es einen klaren Haken an der Sache: Es sind nicht »meine Jugendlichen«.

Wären das nämlich meine Jugendlichen, bäte ich sie zunächst einmal, das Designerhauptquartier aufzubrechen und den Ball vom Hof zu holen. Des Weiteren würde ich sie ersuchen, nicht überall hinzurotzen, denn ich mag das selber nicht. Wenn ich bei mir zu Hause am Hermannplatz die Treppen zur U7 runtergehe, brauche ich Gummistiefel, um unbeschadet durch den geschlossenen Glitschfilm zu gelangen, den dort junge und alte Männer gemeinsam in liebevoller Kleinarbeit angelegt haben, und zwar ganz ohne Fußballplatz. Da sollte mich der Mittefuzzi mal besuchen. Dann würde er vielleicht etwas lockerer und positiver auf sein Wohnumfeld blicken.

Ich will es ihm gerade vorschlagen, doch er hat sich fertig ausgekotzt und lässt mich stehen. Er wohnt nicht in dem Haus. Wieder ein Ball weniger.

When the Music's Over ...

Die Charts meiner übelsten Nachbarn in der Oker-straße: Mit beträchtlichem Abstand lag der verrückte Schreihals neben mir vor den Kängurus mit den Eisenstiefeln über und dem technoliebenden »Godfather of Noise« unter mir: Schreihals; Springer; Krachbar – die Reihenfolge schien lange Zeit unverrückbar. Dann aber gelingt es dem Krachbarn, innerhalb einer einzigen Nacht so kräftig zu punkten, dass er in der Wertung an den anderen vorbei- und locker an die Spitze zieht.

Es ist der Abend vor besagter Nacht. Auf meinem Heimweg stülpt sich bereits sieben Blocks vor meiner Wohnung eine indifferente Lärmglocke über das ganze Viertel. Im Hausflur hängt ein Zettel an der Wand: »Wir bitten um Verständnis, da es lauter werden kann.«

Solange Menschen glauben, absolut alles rechtfertigen zu können, sofern es nur auf einem entsprechenden Papier geschrieben steht, wird es auch weiterhin willkürliche Präventivschläge gegen missliebige Schwellenländer geben. Und selbstverständlich lügt auch dieser Zettel: Es kann nämlich kaum lauter werden. Da setzt sich die Physik zum Glück ihre eigenen Schranken in Form des sogenannten

»Dezibelgrabens«, hinter dem eine Art lautloses Nirwana beginnt: Der Lärm frisst sich quasi selbst.

Im Hof orte ich das Epizentrum: Aus den offenen Fenstern der Wohnung direkt unter meiner quellen unablässig rhythmische Explosionen. Junge Leute qualmen im Treppenhaus: kleine Mädchen, wie für einen Kinderfasching unbeholfen als Pornodarstellerinnen verkleidet, sowie kleine Jungs mit augenscheinlich umgehängten Bärten. Sie grüßen zwar nicht, aber immerhin tun sie mir auch nichts.

In meiner Wohnung sichere ich das vibrierende Bücherregal mit Klebeband gegen das durch den Fußboden dröhnende Potpourri aus Monotechno, Hip-Hop, Trip-Hop, Tetrapop und Pentapunk. Die Musik ist derart laut, dass sich die schätzungsweise zweihundert Gäste in der Einzimmerwohnung schreiend unterhalten müssen, weshalb man wiederum die Musik lauter stellt, so dass die Leute nun noch mehr brüllen. Der Inhalt der Gespräche ist nicht zu verstehen. Vermutlich verständigen sie sich über die in ihren Ohren mangelhafte Lautstärke der Musik, die daraufhin einvernehmlich gesteigert wird. Nach langen qualvollen Stunden weine ich mich in den Schlaf.

Mitten in der Nacht schrecke ich hoch und blicke auf die Uhr: Es ist kurz nach drei. Irgendetwas ist anders. Aber was?

Richtig, die Musik ist aus. Dafür herrscht ein größeres Geschrei denn je. Merkwürdig, da doch keine Musik mehr läuft, die überschrien werden muss. Direkt neben meinem Bett trägt in der Wand ein stillgelegter Kamin sämtliche Geräusche durchs Haus. Früher sandte er oft zart gestöhnte Lieder der Liebe von Wohnung zu Wohnung, jetzt hingegen höre ich

nur noch Signale der nackten Angst – panisches Gebrüll, schrilles Kreischen, Wortfetzen: »Lass das«,
»Spinnst du«, »Hör auf, bitte hör doch auf …«

Ehe ich mich's versehe, habe ich eine Hose an und
stehe im Treppenhaus. Jammernde kleine Mädchen
kommen mir auf halbem Weg zu Krachbars Wohnung entgegen. Rasch gleiche ich das wirre Gestam-
mel inhaltlich mit dem Geschrei von eben ab: Auf der
Party ist offenbar unsachgemäß mit scharfem Besteck hantiert worden. Die kleinen Mädchen venti-
lieren hyper. Eine drückt mir ihr Handy in die Hand
und quiekt in einem fort: »Die Adresse! Sagen Sie
denen die Adresse! Ich weiß nicht, wo wir sind!«

Ich halte mir das Handy ans Ohr. »Hier spricht die
Berliner Polizei«, brummbärt eine wunderbar ent-
schleunigte Stimme, »nennen Sie mir bitte die Adresse.«

Ich nenne sie.

»Und jetzt geben Sie mir doch noch mal die Frau
Meier.«

Frau Meier. »Wer von euch ist Frau Meier?«, frage
ich in die Gruppe der kleinen Mädchen hinein. Natürlich ist es die mit dem Handy. Erst jetzt sehe ich,
dass sie einen leichten Schnitt an der Hand hat und
der Krachbar, der in diesem Moment mit schief hän-
gendem Bart aus der Tür kommt, eine ähnliche Öff-
nung am Hals, aus der es rot aufs Linoleum tropft.
Die Wunde in seiner Seele scheint mir weitaus tiefer
zu sein: »Das war mein bester Freund«, klagt er, gewiss nicht zufällig die Vergangenheitsform wählend.

Bereits fünf Minuten später stampft ein Dutzend
gepanzerter grüner Orks mit entschlossener Gemüt-
lichkeit die Treppe unseres Hinterhauses hoch. Im

Schlepptau haben sie zwei Grünuniformierte mit Dienstmützen und am Ende ein Fernsehteam aus Kameramann, Tontechniker und verschlafenem Medienfuzzi in hellbraunem Ledermantel: Reality-TV!

Kampfmaschinen und Polizisten verschwinden in der Wohnung und werden von draußen gefilmt, während der Tonmann das Getrampel der Orks und das Geheule der kleinen Mädchen aufnimmt. Kurz darauf erscheint der Kommandotrupp auch schon wieder im Treppenhaus, spricht in seine Funkgeräte und macht sich an die Fahndung nach dem besten Freund, der mitsamt seinem Besteck längst das Weite gesucht hat. Lieber wäre es mir ja, sie konfiszierten die Anlage oder wenigstens die lächerlichen Bärte. Der Ledermantel träumt im Stehen von verpassten Koksorgien – sein Team dokumentiert solange den Abzug der Orks.

Auf einmal herrscht Ruhe. Nur die kleinen Mädchen weinen leise vor sich hin. Das gefällt mir gut, denn so lange schreien sie wenigstens nicht so. Ich nutze den Moment der Stille, um mein Anliegen vorzubringen: »Wo ich jetzt schon mal da bin – wenn ihr die Musik nachher wieder anmacht: ein bisschen leiser, bitte!«

Frau Meier hebt kurz den Kopf. »Die Party ist aus«, flüstert sie.

»Auch gut«, erwidere ich, gehe in meine Wohnung und lösche das Licht.

Blockwart

Auf dem Weg zum Kino mault Q. mal wieder über meine angebliche »Neuköllner Blockwartmentalität«: In solchen Situationen wäre ich ihr immer richtiggehend peinlich. Da ist sie übrigens nicht die Erste.

Ich fühle mich ungerecht behandelt. Die einzige Angewohnheit, bei der ich ihr noch halbwegs zustimmen würde, sind die künstlichen Schnarchgeräusche, die ich jedes Mal reflexartig ausstoße, wenn vor mir jemand trödelt. Das ist tatsächlich eine unangenehme Marotte, die ich mir gerne abgewöhnen würde.

Darüber hinaus aber habe ich mit meinen öffentlichen Zurechtweisungen einfach nur recht. Und zwar immer. Wenn ich also ein Blockwart sein soll, dann ist ein Blockwart eben was Gutes, so wie Blockschokolade. Immerhin hat mich dieses hirntote Ehepaar beim Rechtsabbiegen gerade fast überfahren, um dann, schon halb auf dem Radweg, im letzten Moment noch ruckartig zu bremsen. »Ich hab den Schwachkopf doch nur auf sein Fehlverhalten hingewiesen«, rechtfertige ich mich beflissen, wo überhaupt keine Rechtfertigung vonnöten ist. Rechtfertigt sich die Biene dafür, dass sie die Blüte bestäubt, der Bär, dass er in den Wald scheißt, das Birnenkompott, dass es schmeckt?

»Du hast dich im Vorbeifahren freihändig zu ihnen umgedreht und höhnisch Beifall geklatscht«, beschwert sich meine liebe Freundin. »Das ist doof, kindisch und oberlehrerhaft.«

»Ist es nicht«, verbessere ich sie sanft. »Das wird ihnen garantiert eine Lehre sein!«

Noch im dunklen Kino, während der Werbung, streiten wir weiter. Es läuft wieder diese saudämliche Eisreklame, bei der eine Frau mit einem Eis am Stiel in die Berliner U-Bahn latscht, und dann sind da, ohne jeden erkennbaren Zusammenhang, auf einmal lauter Kasper in bunten Harlekinkostümen, die auf irgendwelchen Tröten Rambazamba blasen. Anstatt dass, was viel realistischer wäre, der berüchtigte Stinkefuß aus der U7 durch den Wagen hinkt und um Geld für frische Fußlappen bettelt, woraufhin sie ihm nicht nur ihr Eis vor die Füße kotzt.

»Saudämliche Eisreklame«, zische ich.

»Ruhe«, zischt Q., denn der Film hat längst angefangen.

Auf den kann ich mich allerdings nicht konzentrieren, denn ich muss über ihre Vorwürfe nachdenken, wie ich leider immer über alle Vorwürfe nachdenken muss, so lächerlich sie auch sein mögen. Wie wird es dem Ehepaar aus dem Auto wohl im Anschluss an die wohlverdiente Lektion in Sachen Vorsicht, Benimm und Straßenverkehrsordnung weiter ergangen sein?

Gewiss werden sie sich zunächst ärgern – Katharsis ist nun mal kein Zuckerschlecken –, aber dann, wenn sie nachts im Bett liegen und nicht einschlafen können, plötzlich ins Grübeln kommen: »Nanu – warum können wir denn nicht einschlafen?« Und dann: »Hey, ich weiß, warum: Es ist mein schlechtes Gewissen, das mich nicht einschlafen lässt! Da war doch dieser Radfahrer, den ich fast überfahren hätte und dem ich daraufhin unsinnigerweise übelnahm, dass er mich mit einer neckischen und gewandten Geste subtil auf meinen schlimmen Fehler hingewiesen hat. Er hätte tot sein können! Es wäre also sein gutes Recht gewesen, auch mich zu töten. Doch stattdessen hat er nur geklatscht. Wie großmütig von ihm – ich sollte ihm ewig dankbar sein!«

»Ich war auch wütend«, gesteht seine Frau flüsternd. »›So ein Idiot‹, habe ich gedacht. Wie konnte ich nur!«

Heiß rinnen beider Tränen nun über verschwitzte Wangen und versickern im geblümten Kopfkissenbezug. Wie kleine Kinder, die ihre Eltern auf der Flucht verloren haben, klammern sie sich eng aneinander. So viel Nähe war lange nicht. Auf einmal beginnt sich unter der himmelblauen Flanellschlafanzughose des Mannes, bei dem ich nach wie vor der Meinung bin, dass er mich um ein Haar überfahren hätte, etwas zu regen. Sein Atem geht schneller und ihrer auch. Zum ersten Mal seit über drei Jahren haben sie wieder Sex, und zwar richtig guten. Aber ich bin natürlich ein Blockwart ...

Im Abspann wird irgendwelchen Dorfbewohnern für ihr Stillhalten gedankt. Der ganze Film ist fast komplett an mir vorbeigegangen. Ich glaube, es war so ein Schuld-und-Sühne-Schinken mit einem ganzen Haufen Fickszenen. Doch sicher bin ich mir nicht.

Zufriedenheitsgarantie

Als ich bei Fielmann sitze und darauf warte, bedient zu werden, schnappe ich vom Nebentisch Fetzen eines Beratungsgespräches auf: »Und Sie haben natürlich eine Zufriedenheitsgarantie …«

»Wahnsinn«, denke ich, »der kriegt eine Zufriedenheitsgarantie!« Die möchte ich natürlich auch. Für den Rest des Lebens zufrieden sein, ohne albernes Abstrampeln, nur mit einer Bescheinigung der Firma Fielmann. Dabei hätte ich Zufriedenheitsgarantien viel eher bei religiösen Institutionen, Getränkemärkten oder Drogendealern erwartet als hier. Was sollen die denn noch alles haben? Immerhin haben sie ja schon so tolle Wippstühle. Stundenlang könnte ich in diesen Wippstühlen sitzen, hoffen, dass ich noch möglichst lange nicht drankomme, und in zunehmender Trance langsam und zufrieden vor- und zurückwippen, zurück und vor, vor und zurück.

»Zufrieden«: Das ist aber doch genau das Stichwort. Jetzt erst fällt mir auf, dass Fielmann ein einziger Hort der Zufriedenheit ist: allein dieses wattige Schweben, das die Mitarbeiter an sich haben, wenn sie wie Aquarienfische zugleich flink und ohne Hast von Kunde zu Kunde gleiten. Dazu ihr stets freundlicher Blick hinter den idiotischen Fensterglasbrillen, die der strenge Brillenzar ihnen per Arbeitsvertrag in die Fressen drückt.

Nicht zu vergessen diese übernatürliche Gelassenheit, wenn sie in der vollen Filiale am Kottbusser Damm einmal mehr versuchen, einem anatolischen Mütterchen, das kein Deutsch spricht und von einem Ehemann gedolmetscht wird, der nur die im optischen Gewerbe allenfalls marginal relevanten Wörter »Gabelstapler«, »Pause«, »Chef« und »Feierabend« kennt, den Unterschied zwischen Gleitsicht, Weitsicht und Netzhautverkrümmung zu erklären: »Stellen Sie sich vor: Auge Pause. Sie Chef von Auge. Brille wie Gabelstapler für Auge. Chef muss sagen: ›Gabelstapler her, sonst Auge Feierabend für immer.‹«

»Wollen Sie uns verarschen, Sie Brillenkartoffelopfer?«, fragt daraufhin ein glutäugiger junger Mann, der bis dahin im Wippstuhl nebenan relativ unbeachtet mit seinem Butterflymesser gespielt hat: Wipp, vor, schnapp, auf, wipp, zurück, schnapp, zu, wipp, vor, schnapp …

Die Fielmann-Angestellte bleibt wattig, ruhig, zufrieden. Den Sohn, der mitgekommen ist, um für den Vater zu dolmetschen, damit dieser der Mutter übersetzt, hat sie trotz Fensterglasbrille bisher doch glatt übersehen. Das ist nicht schlimm, das kann passieren. So leicht ist ihr yogischer Gleichmut nicht zu erschüttern. Die Arbeit macht ihr Spaß in dieser volksnahen, quirligen Zweigstelle zwischen Kreuzberg und Neukölln, bei der Wahl des Gestells für ihre Fensterglasbrille hat sie noch vergleichsweise Glück gehabt, ihr Leben ist schön.

Wenn das mal alles keine ultimative Zufriedenheit ist, die sich dann natürlich auch auf den Kunden überträgt. Garantiert. Bestimmt wippen die nach Feierabend, wenn der letzte Kunde gegangen ist, noch stundenlang in aller Seelenruhe auf ihren Wippstühlen, allein und ungestört und vor und zurück. So holen sie sich ihre Ausgeglichenheit für den kräftezehrenden Alltag.

Ein anderer Angestellter kommt wattig auf mich zugeschwebt, gleich bin ich dran, schade. Ich höre erst auf zu wippen, als er mir gegenübersitzt und mich anspricht. Er ist abnorm blass und leise, so wie alle, die hier arbeiten. Seine Finger sind weiß und zartgliedrig, er wirkt zerbrechlich und dabei doch – wie sollte es anders sein – zutiefst zufrieden.

Selbstverständlich frage ich ihn als Allererstes nach der Zufriedenheitsgarantie. Die könne er mir nur gegen Erwerb einer Brille zusagen, lautet sein mephistophelisch anmutendes Angebot.

Ich bin enttäuscht. Dass man hier von einem reichen Vorrat an Zufriedenheit nur gegen schnöde materielle Gegenleistung abgibt und so das göttliche Gut des Glücks zu einer kapitalistischen Ware abwertet, hätte ich nicht gedacht. Transzendenz als kaltes zynisches Geschäft à la Scientology, die Wippstühle nur eine ausgeklügelte Psychotechnik, die Zufriedenheit nur für einen harten Kern von gleichgeschalteten Jüngern. Auf einmal sehe ich die Einheitsfensterglasbrillen mit anderen Augen, das Schweben, die Geduld, die »Freundlichkeit«. Ich sehe Maschinenmenschen, ich sehe die Zukunft, ich sehe das Ende der Welt.

Bier und Herrenschokolade

Eine Elendskarawane ausgemergelter Gestalten und schlecht erzogener Hunde zieht durch die Straßen und hinein in die Parks. Wie Gold und Purpur schillert auf ihrer Haut die Schleppscheiße. Es sind Drogensüchtige, die die warme Sommerluft mit einem Hauch von Verwesung mischen, um ein wenig Fröhlichkeit zu tanken.

Das ist eigentlich kaum nötig, denn die geselligen Drogensüchtigen sind ohnehin ein munteres Völkchen. Sie krakeelen lallend herum und schreien einander in wüstem Tonfall an, ohne dass es einer dem anderen übelnähme, ja man überhaupt darauf einginge. Daran sollte sich so manch Sensibelchen mal ein Beispiel nehmen, das jedes Mal ein Fass aufmacht, sobald ihm einer auch nur minimal ans Bein pinkelt. Andererseits versteht wohl ohnehin keiner das verwirrte Geblöke – ich verstehe es jedenfalls nicht.

Aber ich mag Drogensüchtige: Sie verströmen eine bittere Leichtigkeit, wie man sie von Herrenschokolade kennt. Wenn ihnen das Leben ins Gesicht kackt, kacken sie einfach zurück. Sie denken nichts, sie glauben nichts, und der Herr ernährt doch ihre schlecht erzogenen Hunde. Deshalb erscheinen sie auch entsprechend demütig und dankbar – auf ihre ganz eigene Art natürlich.

»Halleluja«, grölt eine Drogensüchtige am Eingang zum Park und schwenkt eine Bierflasche, Big Fat Mama Booze, das große B im bunten ABC der Polytoxikomanen, »halleluja!« Sofort entspinnt sich eine feinsinnige Diskussion.

»Halleluja?«, schreit ihr drogensüchtiger Begleiter zurück. »Gott, oder wie? Ist der hier oder wie?«

»Ja, hier überall«, brüllt die Drogensüchtige und wedelt mit einem dieser Fußlappen durch die laue Luft, mit denen Drogensüchtige ihre nässenden Ekzeme einzuwickeln pflegen. Fast wirkt das Tuch wie eine Flagge. Hätten Drogensüchtige einen eigenen Staat, besäße dieser gewiss eine beigefarbene Fahne in Form eines Fußlappens, in dessen Mitte eine aufgehende Sonne oder ein Teelöffel aus verkrustetem Blut und Eiter prangt. Und die Nationalhymne wird geschrien oder von schlecht erzogenen Hunden gebellt und heißt »Halleluja« oder »Platz da« oder »Arschloch, sitz!« oder auch ganz anders. Doch leider haben Drogensüchtige keinen Staat – ich denke mal, Mexiko zählt nicht wirklich.

Die Drogensüchtigen haben ein feines Gespür für die Größe des Augenblicks. Früher waren es Dichter, die trunken vor Glück die Schönheit des Lenzes besangen. Heute, in einer Zeit, in der die hektische Jagd nach schnellem Geld jegliches Gefühl verschüttet, sind es die Drogensüchtigen. Sie fühlen und sie sehen mehr als andere, das verdanken sie der Drogensucht. In allem sehen sie Gott: im Park, in den Bäumen, im Bier, in ihren Fußlappen und in den schlecht erzogenen Hunden.

Und ist Gott nicht auch in allem? Ausgerechnet sie, die angeblich Geringsten unter uns, auf die wir so gerne hochnäsig herabblicken, erinnern uns an längst Verlorenes: die Natur; den steten Wandel der Jahreszeiten zwischen Kurfürstenstraße, Kotti und Hermannplatz; die raue Gemächlichkeit, die dem Vergnügen innewohnt, bei einem Schluck guten Bieres – es muss kein Champagner, muss nicht immer teuer sein – eine Horde ineinander verbissener, schlecht erzogener Hunde anzuschreien und dabei doch untätig zu verharren.

Je länger ich darüber nachdenke, desto mehr Scham empfinde ich: Wie konnte ich bloß alles vergessen, was gut und wichtig ist? Wo ist die Liebe hin? Sag mir, wo die Blumen sind! Aber fix – halleluja! Wann wird man je verstehen? Drinnen sind nur Tässchen.

Ständige Nazivergleiche

Ich stehe am Wursttresen, und keiner denkt daran, mich endlich zu bedienen, obwohl ich Fleisch brauche, viel Fleisch. Eine Zeitlang warte ich noch geduldig, bis es mir schließlich doch zu bunt wird: »Soll ich hier noch tausend Jahre warten, oder was?«

Der Wurstfachverkäufer schnellt wie eine angriffslustige Brillenschlange aus dem Nebenraum: »Keine Nazivergleiche, bitte!«

Kurz überlege ich noch, ob ich dementieren soll, entscheide mich dann jedoch für ein kleinlaut gemurmeltes »Ist aber doch wahr, echt, ey …«

»Sie wünschen bitte?«

»Ich hätte gerne ein paar Nürnberger …«

»… Gesetze, oder was?«

»Nein, Bratwürste natürlich!«

»Sie reden sich doch bloß raus«, murrt der Wurstmann verächtlich, »ich habe gleich gemerkt, wes Geistes Kind Sie sind. Von den braunen hier?«

Jetzt habe ich ihn! »Braun ist wohl Ihre Lieblingsfarbe, was? Meine nicht. Ihre Nürnberger lassen Sie mal schön in Ihrer Gestapo-Kiste. Ich nehm' lieber von der Leberwurst. Die kosten …?«

»›Lebensraum im Osten?‹ Faschist!«

»Selber!«

Aber natürlich hat mich der mutmaßliche Rechts-radikale genau verstanden, denn mit seinem Messer zeigt er mir nunmehr ein Stück auf der Leberwurst an: »So recht?«

»Rechts?«

»Nein! Ob es Ihnen so reicht …«

»Aha!«

»Was: ›A H‹? Adolf Hitler?«

»Sie haben ›Reich-t‹ gesagt. Ich denke, Sie sollten hier besser mal einfach Ihre Arbeit tun, anstatt die Leute mit nationalsozialistischer Propaganda zu überziehen. Das ist ja widerwärtig. Ich werde den Geschäftsführer rufen, Sie Wurstnazi!«

»Sie werden das bestimmt bedauern, aber es gibt hier keinen Führer, den Sie rufen können. Sie sind nämlich bei EDEKA und nicht bei NSDAP. Genügt Ihnen jetzt dieses Stück oder soll ich Ihnen ein größe-res abschneiden?«

»Ein größeres, bitte.«

»Natürlich ein größeres«, höhnt es aus der Wolfs-schanze, »Hitler hat den Hals ja auch nie vollge-kriegt: Von jedem Land musste es immer ein größeres Stück sein. Was ich mir hier jeden Tag anhören muss! Dabei bin ich seit fünf Uhr fünfundvierzig auf den Beinen …«

»Glauben Sie, ich bemerke Ihre Anspielungen nicht«, fauche ich ihn an, »oder wollen Sie mich ab-sichtlich provozieren?«

»Absichtlich«, knurrt der Wurstverkäufer. »Ich wollte Sie locken: Sehen, wie Sie reflexartig die Ha-cken zusammenschlagen und ›Sieg Heil‹ brüllen. Aber ihr Neonazis seid ja gut geschult – ihr habt echt gelernt, euch nach außen hin nichts anmerken zu lassen.« Bei diesen Worten säbelt der Schlächter ein gewaltiges Stück Leberwurst ab und wirft das geschundene Fleisch lieblos auf die kalte Waage. Ich erschauere, ergreife stumm die Ware (ein Wunder, dass er sie nicht in den »Stürmer« eingewickelt hat!) und mache mich auf den Weg zur Kasse. Eines muss man diesem Goebbels der Wursttheke lassen: Er ist ein glänzender Rhetoriker. Hätte er nur ein bisschen länger auf mich eingeteufelt, hätte ich mich am Ende gar noch selber für einen Nazi gehalten.

»Macht neunzehn dreiunddreißig«, verkündet die Kassiererin und spielt dabei die Arglose.

»Jetzt muss ich Sie leider mit Eva Braun vergleichen«, erkläre ich der Angestellten nicht ohne Bedauern, »einer im Grunde dummen und eitlen, aber nichtsdestotrotz gemeingefährlichen und in jeder Beziehung schuldigen Person.«

Sie hört gar nicht hin. Nichts hören, nichts sehen, nichts sagen – das typische Verhalten einer typischen Mitläuferin. »Auf Wiedersehen«, flötet sie stattdessen fröhlich, scheinbar nichtsahnend die Grußformel benutzend, die in so vielen Nazi- und Landserliedern eine zentrale Rolle spielte. Absicht oder »nur« grobe Fahrlässigkeit? Manchmal bin ich mir in diesen Tagen selbst nicht mehr sicher.

Auf dem Amt

Der Wasserkopf der riesigen Warteschlange füllt das kleine Foyer am Informationsschalter. Im Kopfinneren brodelt und brummt es. Mitarbeiter in schusssicheren Pullundern schwirren wie Schmeißfliegen um das Wartereptil herum und pampen beruhigend auf es ein. Ein ZDF-Team hält mit Handkameras auf ungehaltene Menschen und unhaltbare Zustände. Es ist Viertel nach zehn im Bürgeramt Donaustraße.

In einer Dreiviertelstunde öffnet sich die Tür zum Allerheiligsten. Ab dann gibt es Nummern. Wer »erst« pünktlich zur eigentlichen Öffnungszeit eintrifft, hat Pech gehabt. Geheiminformationen dieser Art werden weder auf der Internetseite des Amts kommuniziert noch per Telefonansage; einen Menschen bekomme ich dort sowieso schon seit April nicht mehr an den Hörer.

Ich frage den Kopf der Schlange, wo ihr Schwanz ist. Man schickt mich immer die Schlange entlang in ein Treppenhaus, dort eine Ebene tiefer und schließlich auf eine Art Zwischenstockwerk, wo sich wie in einem mäandernden Delta der Verarschtenstrom unübersichtlich verzweigt, so dass ich erneut nachfragen muss und schließlich in den Keller weitergereicht werde. Hier ist das Ende: ganz unten.

Nach mir treffen noch weitere Bürger ein, beziehungsweise »Störer«, wie es nach dem Selbstverständnis der Verwaltung heißen müsste. Manche haben Decken und Campingstühle dabei, andere Luftmatratzen. Eine türkische Familie wirft einen Grill an, was die Luft hier unten nicht besser macht. Heftige Scharmützel um Wartepositionen entbrennen. Daneben lagern fatalistischere oder auch nur restalkoholisierte Gemüter in todesähnlichem Dämmerzustand auf den Stufen.

Elf Uhr. Es ist so weit: Oben setzt sich die Schlange in Bewegung. Geschrei und Gepolter ertönen aus Richtung Foyer. Zum Glück kann ich vom Keller aus nicht sehen, wie sich Spätgekommene mit der Schlange prügeln. Aber schön, dass heute das Fernsehen da ist, auch wenn ich nicht weiß, ob sie für eine Dokumentation oder ein Splattermovie recherchieren. Ich will jedenfalls, dass die Welt da draußen erfährt, wie hier mit Menschen umgegangen wird, die nur ihren Reisepass verlängern wollen.

Dann bin ich oben. Zwei Wachmänner stoppen Drängler im Türbereich. Ein knuffiger Schiebermützentürkenpapi ereifert sich: Er habe seine Frau vorgeschickt und wolle jetzt rein. Selbst islamisches Recht hat keine Chance.

Im Gang wird mir die Nummer 154 in die Hand gedrückt. Eine schöne Zahl im Grunde, doch letztlich auch bedrückend hoch. Polizei ist da, um die Störer im Zaum zu halten. Maßnahmen, Gegenmaßnahmen und das mühsame Unterdrücken sich blind entfesselnder Verzweiflung erinnern an die Verteilung einer UN-Hilfslieferung für Hungernde. Die Ordnungskräfte haben insgeheim Verständnis für die Not des

Mobs, doch um größeres Chaos zu verhindern, werfen sie sich dazwischen als Schergen für ein System, das letztlich auch sie nur benutzt.

Findige Neuköllner versuchen über aberwitzige Schlupfwege ins gelobte Nummernland einzudringen. An einer Außenwand ertönt lautes Klopfen – ob sie den Rammböcken und Vorschlaghämmern standhält? Doch auch subtilere Methoden finden Anwendung: Noch Jahre später wird man aus Luftschächten und toten Kaminen Gerippe ziehen, deren Knochenfinger sich um vergilbte Fragebögen krallen. Wenigstens Freund Hein hat sie mit einer frühen Zahl bedacht.

»Polizei!«, schrillt eine Mitarbeiterin. Der Schiebermützentürkenpapi hat an einem Seitenausgang ihre Kollegin überwältigt, um ins Gebäude zu gelangen. Die Bürokratie frisst ihre Kinder. Ich bin dann mal weg.

Zwölf Uhr. Zu Hause am Schreibtisch entwerfe ich die grobe Skizze einer herzzerreißenden Novelle über Krieg, Leiden und Tod, esse Gummibärchen und werfe ab und zu einen Blick auf die Uhr: Zwischen eins und zwei, habe ich mir vorgenommen, werde ich erneut im Störeramt vorbeischauen. Hoffentlich verpokere ich mich nicht.

13 Uhr 30. Zu niedrig gepokert ist auch verpokert. Die Tafel im Warteraum zeigt die Nummer hundert an. Ich ziehe auf ein Getränk ins »Café Rix« weiter. Die meisten Gäste scheinen auf irgendwas zu warten. Sie wirken ausgelaugt, bedrückt. Hochprozentige Spirituosen werden für die Tageszeit erstaunlich oft geordert. Die Donaustraße ist nah.

14 Uhr 30. Hundertzwölf – es geht schon langsamer.

Die entscheidende Phase ist angebrochen. Jetzt zeigt sich, welcher Störer durchhält und wer am Hass der Obrigkeit zerbricht. Beim Schweinesystemmikado muss man Geduld haben, es mit den eigenen Waffen schlagen: Wer sich zuerst bewegt, hat verloren. Viele geben auf. Manche werden abtransportiert. Die Nervenstärksten bleiben, doch auch ihre Knie auf den Plastikstühlen schlagen längst unkontrolliert den Takt einer besonders unbarmherzigen Speed-Metal-Weise. Ich gehe besser noch mal eine Runde spazieren.

15 Uhr 30. Ich habe nur noch fünfzehn Nummern vor mir. Allerdings rührt sich auf der Nummernanzeige mittlerweile gar nichts mehr. Um fünf beginnt sie dann sogar rückwärtszulaufen. Was für ein grauenhafter Anblick! Ist das Armageddon oder Feierabend? Zitternd halten wir Verbliebenen uns an den Händen. Wohl nur wenige von uns werden die Kraft aufbringen, es morgen noch mal zu versuchen.

Im Theater des Lebens

Ich muss gar nicht dabei gewesen sein, um zu wissen, wie das jedes Mal abläuft, denn es ist im Grunde immer dasselbe: Im Vorbeigehen – zack, zack! – blitzschnell das Messer raus, ein Stich links, ein Stich rechts, und das Fahrrad, das am U-Bahn-Eingang Hermannplatz angeschlossen steht, ist gründlich platt.

Seufzend betrachte ich am nächsten Morgen die Quittung dafür, dass ich zu faul bin, mein Rad jeden Abend hoch in den vierten Stock zu wuchten. So habe ich alle paar Wochen die Ehre, den Hauptpart in einem uralten interaktiven Stück übernehmen zu dürfen: »Hirnlose Drecksau und hilfloser Blödmann«. In diesem perfekt aufeinander abgestimmten Reigen von Dumm- und Gemeinheit scheitert der Held, weil er ein Blödmann ist. Sein Antagonist behält hingegen die Oberhand, denn er ist eine Drecksau. Ching Chang Chong – und Drecksau gewinnt immer. Das ist auf den ersten Blick bedauerlich, doch so ist nun mal das Leben.

Erster Akt. In der Nacht kommt der hilflose Blödmann von einem langen Ausritt durch die Lokale der Stadt nach Hause. Sich unbeobachtet glaubend, stammelt er unzusammenhängenden Schwachsinn vor sich hin, die eigene Figur auf diese Weise trefflich etablierend. Weitere Eigenschaften wie Dummheit und Leichtsinn braucht er so gar nicht weiter auszuspielen – die liegen als Subtext erkennbar drunter. Er schließt sein Rad an das Eisengeländer des als berüchtigt etablierten Ortes und schlurft von Wein und Müdigkeit trunken zur Tür.

Zweiter Akt. Kaum hat sich die Haustür hinter dem hilflosen Blödmann geschlossen, tänzelt inmitten eines Schwarms hirnloser Komparsen sein großer Gegenspieler, die hirnlose Drecksau, herbei. Angefeuert vom Chor der Statisten, zieht die hirnlose Drecksau das Messer. Zack, zack! Von dramatischen Hupfanfaren untermalt, rammt der junge Herr der Finsternis mit unnachahmlicher Beiläufigkeit die Klinge links und rechts in den unschuldigen Gummimantel. Es folgt die große Jubelarie mit fulminantem Arschgeigensolo. Drecksau und Vasallen ab.

Dritter Akt. Auftritt hilfloser Blödmann. Heller Tag, ansonsten gleiches Bühnenbild. Der Vorhang einer langen unruhigen Nacht hebt sich und gibt den Blick frei auf das traurige Szenario: Den Tränen nahe, hält der hilflose Blödmann sein sterbendes Fahrrad im Arm. Er erlebt einen großen kathartischen Moment, den er ungefiltert an das desinteressiert vorbeischlendernde Publikum weitergibt. »Ich versteh's nicht, ich versteh's nicht«, murmelt er, murmle ich – es ist immer derselbe Text, so dass ich ihn nie vergesse, obwohl zwischen den Aufführungen meist mehrere Wochen liegen. Zum Glück, denn so sehr ich die Kunst verehre und dem Spiel auch ein Stück weit verfallen bin, glaube ich, öfter würde ich es nicht durchhalten. Das Agieren auf dem schmalen Grat zwischen Farce und Tragödie verlangt mir seelisch alles ab. Oft bin ich nach dem großen »Monolog des Unverständnisses« minutenlang völlig ausgepumpt. Doch gerade jetzt muss ich alle Kräfte sammeln und neu bündeln, denn mir stehen noch schier übermenschliche körperliche Anstrengungen bevor.

Im vierten Akt nämlich schleppe ich das Fahrrad nach oben in die Wohnung, um den aufgeschlitzten Schlauch zu flicken. Besonders an dieser Stelle meinen aufmerksame Zuschauer im Rahmen der gelegentlichen Publikumsdiskussion im Treppenhaus einen Bruch in der Handlungslogik zu erkennen: »Warum hat er das Rad denn nicht gleich in der Nacht nach oben getragen, dann wäre das doch gar nicht passiert? Ich verstehe das Stück nicht«, bekomme ich von den Kritikern (Nachbarn) oft zu hören. Jenem kurz gegriffenen Gedanken möchte ich entgegenhalten, dass es sich laut Buch nun mal um die Figur des hilflosen Blödmanns handelt und nicht um Macduff oder Schweinchen Schlau. Und was einem die Dramaturgen des Lebens vorgeben, daran muss man sich schon halten, eitle Eigeninterpretationen hin oder her.

Wir Akteure beherrschen unser Fach immerhin glänzend. Die langjährige Routine macht aus uns ein eingespieltes Ensemble, schon allein daher ist ein Rollentausch ausgeschlossen: Wer könnte die hirnlose Drecksau besser darstellen als der geheimnisvolle Unbekannte mit dem Messer, wer den hilflosen Blödmann trefflicher mimen als ich.

Im Epilog trage ich das reparierte Requisit zurück auf die große Bühne des Straßentheaters, wo es auf seinen nächsten Einsatz wartet. Indem ich das Fahrrad erneut ans Geländer schließe, schließt sich elegant der Bogen. Mit einer knappen Verbeugung beende ich das Stück.

Das Publikum verhält sich noch immer leidenschaftslos. Nur ein kahlgeschorener Jugendlicher spuckt knapp neben mir auf den Bürgersteig. Ich werte das durchaus als Zustimmung. Die Zeiten ändern sich nun mal, und das ist gut so – es müssen nicht immer Rosen und Teddybären auf die Bühne fliegen. Auch Beifall ist eine dynamisch veränderliche Größe, die völlig neue, unprätentiöse Ausdrucksformen anzunehmen vermag.

Knowing me, knowing you

»Uli?«

Die mir entgegenkommende Fremde bleibt vor mir stehen und lüftet erkennungsdienlich ihre Pornobrille. Tatsächlich kommt sie mir nun vage bekannt vor. Ich habe allerdings nicht die geringste Ahnung, woher.

»Hey«, sage ich provisorisch begeistert, aber auch, um Zeit zu gewinnen. »Na?«

»Na?« Wir freuen uns beide, aber vor allem ich weiß wirklich nicht, warum.

»Ich bin die Freundin von … Nuschelnuschel«, schiebt sie, die wohl mein kurzes Zögern spürt, erklärend hinterher.

Nuschelnuschel. Scheiße, absolut nichts verstanden. Egal. »Natürlich! Ja! Wie geht's dir denn?«, höre ich mich fragen. Obwohl ich immer noch nicht Bescheid weiß, denn der Klarname von Nuschelnuschel wäre nun mal der notwendige Schlüssel zu unserer angeblichen Bekanntschaft. »Das ist ja nett«, setze ich sogar noch einen weiteren Emotionsmarker drauf.

So kenne ich mich gar nicht. Normalerweise habe ich kein Problem damit, zuzugeben, dass mir ein Gesicht entfallen ist. Dazu passiert das ja auch leider viel zu oft. Warum benehme ich mich hier bloß wie auf einem Schauspielerstehempfang?

Ich denke, mich reizt einfach die Spannung, ob ich das Rätsel löse, bevor ich als verlogener und oberflächlicher Idiot auffliege, beziehungsweise als »gewandter Gesprächspartner«, wie man derartige Kommunikationsbetrüger in anderen Milieus zu nennen pflegt.

Sie ist ungefähr Mitte dreißig und rotblond mit Sommersprossen. Während mein Hirn anhand dieser Kriterien potentiell dazu passende Bekannte im näheren Raum Neukölln durchscannt, lacht und gestikuliert der Rest von mir ganz gegen meine üblichen Gepflogenheiten penetrant überchargierend. Wohl eine Übersprunghandlung, die davon ablenken soll, dass ich noch immer keinen blassen Schimmer habe, wer sie ist. Ich müsste irgendwie erreichen, dass sie wenigstens noch einmal Nuschelnuschel erwähnt. Und zwar deutlich und nicht als Nuschelnuschel.

Obwohl, wer weiß? Was ist, wenn ich auch Nuschelnuschel längst vergessen habe? Langsam verfluche ich meine Angewohnheit, die Hirnfestplatte mittels hochprozentigen Alkohols aufzuräumen. Jedes Mal, wenn ich die EC-Karte verliere, brenne ich nämlich gezielt die Gehirnzellen mit dem überflüssigen Datenschrott wie z. B. alten Geheimnummern weg, um Kapazitäten für die neuen zu schaffen. Ich hielt diese Methode bisher für superschlau, aber leider geht dabei kollateral auch so manche noch benötigte Erinnerung flöten.

Sie spricht über dies und das, nur niemals über Nuschelnuschel. Das ist unfair. Was habe ich ihr eigentlich getan?

Doch wer weiß, vielleicht haben wir ja eine gemeinsame Vergangenheit? Eine lange Beziehung, eventuell sogar Kinder? Und ihr Zorn ist eben erst verraucht, und es ist das erste Mal seit Jahren, dass sie sich wieder freut, mich zu sehen. Das frische Glück mit Nuschelnuschel verhilft ihr zu mildem Vergessen und friedlicher Gelassenheit.

Ach nein, das würde mich wundern. Ich glaube, das wüsste selbst ich noch. Im Übrigen könnte es sich bei Nuschelnuschel auch schlicht um eine gemeinsame Bekannte handeln.

»Wo wohnst du denn jetzt gerade?«, frage ich weiter. Mit »jetzt gerade« impliziere ich, dass ich zumindest weiß, wo sie früher wohnte. Das ist gewagt, da ich ja gar nicht weiß, ob ich so etwas wissen muss, kann oder darf. Ich erhoffe mir jedoch einen Fingerzeig auf Nuschelnuschels eventuellen Aufenthaltsort (oder besser: sein / ihr Versteck!) und somit Rückschlüsse auf sie, die geheimnisvolle Unbekannte.

»In der Herrfurthstraße.« Sie zuckt nicht mit der Wimper. Prima. Ich darf das also wissen; es ist nichts merkwürdig an meiner Frage. Nur leider hilft mir die Antwort nicht weiter. Bestimmt ist mein Verhältnis zu Nuschelnuschel derart peripher, dass ich ohnehin nicht wusste, wo sie oder er zu Hause ist.

Nach einer Viertelstunde sinnlos angeregter Plauderei scheint das Ende gekommen zu sein. Ich war gut. Keine Lösung, aber auch keine Enttarnung. Unentschieden.

»Na, ich muss mal wieder.«

»War nett.«

Irgendwie drückt mein Gewissen. Ob ich ihr helfen könne, ihr Fahrrad mit den schweren Einkäufen die

Steigung hinter dem Bauhausparkplatz hochzuschieben, rufe ich ihr hinterher, obwohl ich beide Arme in Gips habe. Nein danke. Na, dann winke ich eben noch ein Weilchen. Sie winkt nicht zurück. Sie hat mich die ganze Zeit durchschaut, diese ... Nuschelnuschel.

Im Dialog mit der Staatsmacht

Am Mittwochmorgen radle ich eimervoll nach Hause. Immerhin reicht das schummrige Restlicht im Oberstübchen aus, um festzustellen, dass die Ampel an der Kreuzung Pannierstraße Rot zeigt. Das macht zum Glück nichts, da ich ohnehin nur rechts abbiegen will. Sogar den neben mir stehenden Streifenwagen registriere ich noch am unteren Rand meiner mentalen Bereifung, ohne daraus jedoch geeignete Schlüsse für mein weiteres Vorgehen abzuleiten. Der Stammhirnservice ist für heute dicht – meine Synapsen haben längst ihren wohlverdienten Feierabend angetreten.

Das Polizeiauto biegt ebenfalls ab und fährt mir hinterher. Das ist ja lustig, dass die auch in meine Richtung müssen!

Sie fahren extrem langsam und wie so ein idiotisches Fahrschulauto halb neben mir her. Die Anfänger könnten mich ruhig mal überholen. Um einen Zusammenstoß zu vermeiden, bin ich nämlich gezwungen, den Radius meiner Schlangenlinien zu verkleinern. Das kostet Konzentration, Kraft und Nerven.

Auch muss ich ihnen nun eine gewisse Beachtung schenken, obwohl ich mich sonst für Autos nicht besonders interessiere. So sehe ich, dass der Beifahrer sein Fenster heruntergekurbelt hat. Eigentlich ist es viel zu kalt. Aber vielleicht ist ihm ja ebenfalls schlecht.

Außerdem spricht er: »Wissen Sie, dass Sie gerade über eine rote Ampel gefahren sind?«

Mit einem Mal bequemen sich die sieben treuesten meiner geschätzt eine Billiarde Synapsen wenigstens zu einer Art Notbetrieb. Mit Hilfe diffuser Rauchzeichen signalisieren sie mir, ich sei eventuell in Schwierigkeiten und müsse reagieren. Ich entscheide mich für die Methode »bad cop«.

Das Prinzip »good cop, bad cop« kennen wir aus jedem Kriminalfilm. Doch auch in Wirklichkeit gibt es den guten und den bösen Bullen. Allerdings handelt es sich dabei nicht um Rollen, sondern um Charaktere. Der böse Bulle räumt besetzte Häuser, bricht Türen auf, schlägt uns grundlos zusammen, ohne hinterher seinen Namen zu nennen, verleiht uns Flensburger Punkte für Ordnungswidrigkeiten mit dem Fahrrad und kann einfach nicht anders.

Der gute Bulle hingegen regelt den Verkehr, rettet betrunkene Kleinkinder, die sich in Bäumen oder Fabrikschornsteinen verstiegen haben, geleitet Omis über die Straße und gibt ihnen nur manchmal aus reiner Gewohnheit einen klitzekleinen mit dem Schlagstock hinterher. Ertappt er Radfahrer bei Fehlverhalten, kann er durchaus anders und sagt das auch: »Ich kann auch anders!«

Da man aber nie weiß, mit welcher Sorte man es jeweils zu tun hat, fällt die Wahl der richtigen Taktik naturgemäß nicht leicht. »Bad cop« erscheint mir im Moment am einfachsten. Da beim Bösen Bullen ohnehin nichts hilft, kann man auch nichts falsch machen, und als passionierter Ironiker habe ich so wenigstens meinen Spaß.

»Echt«, sage ich, »das wollte ich nicht. Das tut mir total leid. Und was muss ich jetzt machen?«

»Immer zustimmen« heißt der Grundsatz. Kreide fressen, Staub fressen, Scheiße fressen – alles, was nach Untertan schmeckt. Und damit man sich nicht wirklich demütigt, dermaßen dick auftragen, dass es auf jeden halbwegs denkenden Menschen lächerlich wirkt, außer auf den bösen Bullen. Denn der böse Bulle ist meist nicht bloß böse, sondern obendrein auch dumm. Dumm- und Bosheit wirken de facto wie wechselseitige Katalysatoren.

»Ich wollte Ihnen nur mitteilen, dass das jetzt nicht mehr einundsechzig Euro kostet, sondern hundert, plus einen Punkt in Flensburg«, teilt mir der Beamte nur mit, und Reflektoren hätte ich auch keine.

»Ah ja. Vielen Dank für die Information«, freue ich mich. »Das ist nett. Ich verspreche auch hoch und heilig, dass ich so etwas niemals wieder in meinem ganzen Leben machen werde.« Leider muss ich bei meinen eigenen Worten lachen. Ach was, ich lache schon die ganze Zeit.

Das glaube er mir nicht, zwinkert er mich doch tatsächlich gut gelaunt an. »Warten wir doch erst mal die nächste Ampel ab.«

Offenbar gibt es in der Polizeischule inzwischen Ironieseminare für die Nachwuchskräfte: »Passense uff, meine Damunherrn, janz tückisch jetze. Et jibt seit neustem Bürjer und Straftäter, die wollnse bloß va'aschn. Meistens hamse sone Brille uff und sa'en denn janz andre Dinge als dit, wat se meinen. Da jibtit

dann nur eene Möchlichkeit, ooch wennit schwer-
fällt: Loofn lassn.«

»Ja«, sage ich, »machen wir – das ist nett!«

»Ich kann auch anders«, sagt er und kurbelt das
Fenster hoch. Ein guter Bulle.

Deutschstunde

An der Kasse im Bauhaus Hasenheide stehe ich mit nichts als zwei Abdeckplanen in der Schlange. Es dauert ewig, weil vor mir die ganzen handwerklich begabten Idioten stehen, mit ihrer Selbst-ist-der-Mann-Scheiße, die natürlich viel zu sperrig ist, um mal eben über den Scanner gezogen zu werden.

Mein Blick schweift müßig durch die trockene Baumarktluft und bleibt an einem Schild kleben, das über der Kasse hängt: »Bei Einkäufen über 250 Euro ist die EC-Karte nur in Verbindung eines Personalausweises gültig.« Das ist falsch! Falsches Deutsch! Triumphierend blicke ich mich um: Sicher habe ich das als Einziger registriert – von diesen einseitig veranlagten Bastelaffen kriegt das doch im Leben keiner mit. Aber die Verantwortlichen hätten es wenigstens merken müssen. Als ich dran bin, mache ich die Kassiererin auf den Fehler aufmerksam: »Wenn ich mir die Anmerkung erlauben darf …«

Ich darf nicht. Ich wollte mit meiner Schlauheit punkten und habe mich vollkommen verrechnet. Sie zeigt sich geradezu persönlich getroffen – die junge Frau Bauhaus kassiert hier offenbar noch selbst, eine hemdsärmelige und dabei nicht unhübsche Person. In ihren Augen entpuppe ich mich gerade als exakt der, für den sie mich bereits hundert Meter gegen den Wind und schon am Ende der Schlange gehalten hat: ein Altstudent, ein Klugscheißer, ein rotes Tuch – eine linke Gesinnung, zwei linke Hände und drei linke Bemerkungen, mit denen ich ihre Vermutung nur bestätigt habe. »Wenn ich mir die Anmerkung erlauben darf«, denkt sie gewiss, »huhu und heititei – wichs doch in deine Philosophiebücher«, und mustert mich wie ein besonders ekliges Insekt.

»Hauptsache, jeder versteht's«, presst sie schließlich mühsam beherrscht heraus.

»Ich wollte doch nur …«, stottere ich wider besseres Wissen, denn ich weiß auf einmal gar nicht mehr, was ich eigentlich wollte. Was bilde ich mir bloß ein? Das ist ein Heimwerkermarkt und kein Germanistenseminar. Ich sollte froh sein, dass jemand wie ich hier überhaupt bedient wird, mit meiner Hornbrille und meinem Nadelstreifenjackett. Hatte ich etwa geglaubt, ich bekäme für meine neunmalkluge Heldentat vom alten Herrn Bauhaus die Hand seiner Tochter und das halbe Bauhaus gleich noch dazu?

»Ich hab das auch nicht geschrieben«, sagt sie kurz und lässt offen, wer das denn nun geschrieben hat. Loyal deckt sie ihren armen alten Vater gegen Spott und ungerechte Anfeindungen. Sämtliche Streitigkeiten haben intern zu bleiben. Bestimmt lässt es sich der Alte nicht nehmen, nach wie vor jedes Schild selber zu malen. »Ich schreib das«, beharrt er altersstarrsinnig.

»Bitte nicht, Vater«, rufen Mutter und Tochter im Chor, wohl wissend, dass er einfach andere Qualitäten hat, doch wie immer setzt er sich durch. Eines Tages wird hoffentlich ein Mann kommen für seine

Tochter, kein halbschwuler Bücherwurm, sondern ein kraftvoller Schwiegersohn, der die Deckendübel mit den Zähnen zieht und eine Schwungschlitzschnarre von einer Seitspannsirre unterscheiden kann. Dem wird er dann beruhigt alles überlassen ... Na ja, fast alles, denn die Hinweisschilder an den Kassen wird er wohl weiterhin beschriften.

»Mein Vater ist ein einfacher Mann.« Sie kann sich am Ende nicht mehr beherrschen – allzu tief habe ich sie in ihrer Familienehre verletzt. »Er kann kaum lesen und schreiben.«

»Das sehe ich«, verkneife ich mir im letzten Moment zu sagen, und sie fährt fort: »Aber er ist ein guter, ein fleißiger, ein tatkräftiger Mensch. Nach dem Krieg hat er Tag und Nacht Schrauben gesammelt, später dann Dübel. Er hat die Farbe von alten Trümmerhäusern gekratzt und in Eimer gefüllt, die aus geschmolzenen Stahlhelmen gefertigt wurden. Unter ungeheuren Entbehrungen hat er all das hier aufgebaut, mit seinen eigenen Händen, und dann kommt so ein windiger Sozialschmarotzer wie Sie und zieht Vaters Lebenswerk in seiner pseudointellektuellen und menschenverachtenden Art in den Schmutz. Er ist der beste Mensch, den ich kenne.« Sie schluckt die Tränen hinunter und wirft sich fast trotzig in die Brust. Was für eine stolze und selbstbewusste Frau – wie schön sie jetzt ist!

»Ich hab's doch nur gut gemeint«, versuche ich zu beschwichtigen.

»Ja«, verabschiedet sie mich brüsk, »schönen Tag übrigens noch«, und lässt keine Zweifel offen, wie sie sich den schönen Tag für mich vorstellt: dass ich schnellstens wieder in meinem Schlaumeierloch ver-

schwinde und dort an den Abdeckplanen ersticke
oder meinem Grammatikheft. »Abdeckplanen, hihi.«
Der Gedanke daran zaubert nun doch ein leises
Schmunzeln in ihr ernstes Gesicht.

Warum Sauerscharfsuppe immer
so komisch aussieht

Jeder Imbiss, der in meiner Gegend neu eröffnet wird, versucht es mit derselben schematischen Preispolitik: Zunächst wird eine liebevoll designte Preisliste aufgehängt. Darauf leicht überhöhte Preise, in etwa Kreuzberger Niveau.

In den folgenden zwei Wochen streichen die Anwohner neugierig um den Laden herum. Keiner geht rein. Zu teuer. Alle sind arbeitslos. Als Nächstes wird die zweite Phase eingeläutet: An den Ladenfenstern werden mit Edding beschriftete orangefarbene Papptafeln angebracht, die sämtlich auf ein zentrales Sonderangebot hinweisen: »Alles ½ Preis! Ab jetzt immer!«

»Was nüscht kostet, ist auch nüscht wert«, denkt sich der erfahrene Neuköllner und weiß natürlich auch, dass nun bald das Gesundheitsamt vor der Tür steht, durch die keiner hineingeht. Aber der Imbissbetreiber hat's immerhin versucht. Als Nächstes macht der Laden dicht.

Jetzt ist ein China-Imbiss drin, da sind die Chancen besser. Er hat den Bonus des Exotischen, denn er ist einer von höchstens dreißig in Neukölln und in der Okerstraße sogar der einzige. »Exotisch, wa?«, denkt sich der Anwohner. »Wie im Urlaub: Gab's nicht damals an der Costa del Fudschi auch so 'n China-Imbiss? Bin ich aber auch nicht reingegangen ...« Er bleibt vor der Tür stehen und denkt sich, dass man ja nie weiß und dass man sich ja nicht auskennt. Am Ende lassen die einen mit Jogginghose und Badelatschen gar nicht rein. Und bestimmt viele Türken drin, in so 'm China-Imbiss. Wirkliche Überlebenschancen haben eigentlich nur diese frei stehenden, nicht ohne Grund an große Müllcontainer oder Luftgütemessstationen erinnernden Fressbunker, die Currywurst oder Döner Kebap anbieten. Am besten beides. Nach zwei Wochen wedelt der China-Imbiss mit der weißen Fahne: »Alles ½ Preis! Ab jetzt immer!«

Damit ist die Zeit der Geier gekommen, der Leichenfledderer und Schmarotzer, der Abzocker, Schnäppchenjäger und skrupellosen Ausbeuter: Ich betrete den China-Imbiss. Neben dem China-Mann arbeitet noch eine türkische Schülerin dort. So spart der Besitzer Personalkosten und zögert die Geschäftsaufgabe länger hinaus.

»Einmal die Eins und die 547 p – zum Mitnehmen, bitte«, bestelle ich bei der Schülerin, »ach ja – und ein Bier zum Warten!«

Unmotiviert notiert sie meine Bestellung und gibt sie an den direkt neben ihr stehenden Chinesen weiter: »Einmal die Eins und einmal die 547 p. Ssum Mitnehmen ...«

»Ah, eima Sauäßaafsuppä, eima En Te Faißüßauä«, strahlt der Chef und macht sich ans Werk, während ich warte, mein Bier trinke und ab und zu die Kundinnen am Nebentisch angrinse. Genau genommen sind es keine richtigen Kundinnen, sondern bloß drei Freundinnen der Aushilfskraft. Vor ihnen auf dem Tisch erkaltet unbeachtet ein Teller mit 216a oder 345c. Mit dessen Bestellung haben sie ihr Bleiberecht erkauft, wenn es sein muss, bis ihre Freundin Feierabend macht. Fröhliches türkisches Gezwitscher mischt sich mit befremdlichen Gerüchen aus der Pfanne des China-Mannes.

Das Essen ist fertig, braun und gelatineverkleistert die Ente, seltsam zinnoberrot die Sauerscharfsuppe: »Eima Sauäßaafsuppä, eima En Te Faißüßauä!«

»Einmal die Eins und einmal die 547 p«, ruft die Schülerin und zu ihren Freundinnen: »Besiktas börek pide döner naziler kebap bäsch tamponu izmir öcalan!«

Die Freundinnen lachen Tränen. Ich weiß, warum – so weit reicht mein Türkisch: »Was ich in die Suppe von dem alten Naziarsch, der euch seit einer Viertelstunde auf die Titten glotzt, gehängt und gründlich habe ziehen lassen, waren keine Teebeutel«, habe ich sinngemäß verstanden, und der Farbton der Suppe bestätigt das.

»Ülker heckmeck döner kebap bülbül«, kichert eine: »Das geschieht dem alten Arschloch recht ...«

Ich lächle freundlich nach links und nach rechts – sie sollen nicht merken, dass ich sie verstehe.

»Döner kebap«, schnaubt die Zweite: »Altes Arschloch!«

»Iskender kebap«, die Dritte: »Dämliches Arschloch!«

»Dürüm döner«, noch mal die Erste: »Blöder alter Sack ...«

Ich zahle und gebe reichlich Trinkgeld. Die Mädchen amüsieren sich prächtig, und ich mache gute Miene zum bösen Spiel. Dann nehme ich die Tüte mit meinem Essen und verabschiede mich: »Danke – tschüs!«

»Ü«, sagt der China-Mann.

»Schüsch«, sagt die Schülerin, das bedeutet: Esel.

Draußen werfe ich die Sauerscharfsuppe in den Müll, die Ente schaue ich mir zu Hause noch einmal genauer an. Ich könnte wetten, dass hier bald mal das Gesundheitsamt vorbeikommt.

Schlanke Ampeln mit schönen Beinen

Da ich zum Haareschneiden die Brille abnehme, erkenne ich im Spiegel gerade mal noch Hell und Dunkel sowie die schemenhafte Kontur einer sackförmigen Gestalt. Die Gestalt bin ich.

»Ohne Brille sieht es fast so aus, als hätte ich 'ne Glatze«, bemerke ich lahm. Die Aussage erscheint an sich überflüssig, da ich ja auch keine Ohren erkennen kann, keine Augen, keine Nase, nichts. Unter dem Frisierumhang wirke ich wie ein riesiges blaues Mensch-ärgere-dich-nicht-Männchen, das dasitzt und darauf wartet, mit einer Sechs eingewürfelt zu werden. Doch zum einen wollte ich endlich auch mal irgendetwas sagen. Beim Friseur oder im Taxi gehört sich das schließlich so. Nur ich weiß meistens nicht, was ich sagen soll – ich kenne die doch gar nicht. Aber dann denkt der Taxifahrer, ich wolle ihn umbringen, und die Friseurin, ich sei arrogant. Nur deshalb sage ich das mit den Haaren. Zum anderen natürlich, weil ich Angst habe, dass es stimmt. Immerhin kann ich ja nicht sehen, wie viel die Frau gerade abschneidet.

»Ja, das muss komisch sein«, antwortet die Friseurin im typischen Friseurinnenplauderton, der es ihr erlaubt, zu sprechen, ohne zu denken, und gleichzeitig konzentriert weiterzuschneiden. Es ist ein routiniertes Eingehen und doch nicht Eingehen auf das Gesagte, eine Art Kommunikationsautopilot, der für professionelle Unterhaltungen im Sprachzentrum des Gehirns gespeicherte multifunktionale Satzschablonen bereithält.

Dennoch erinnern mich ihre Worte daran, dass es tatsächlich komisch ist. Ich lebe schon so lange mit dieser Volksbehinderung. Doch für jemanden, der das nicht aus eigener Erfahrung kennt, ist es schlicht nicht vorstellbar, was ich überhaupt sehe, beziehungsweise vor allem, was nicht. All das, was für mich stinknormaler Alltag ist, käme ihnen vor wie ein LSD-Trip in der Geisterbahn: Dass ich nachts zum Einschlafen Maulwürfe zähle, die unter einem Zaun durchkriechen, und wenn ich im Frühling vor einem Straßencafé sitze und die Brille abnehme, pfeife ich oft versehentlich den Ampeln hinterher. Sicher wäre es für sie, die Friseurin, ein interessantes Erlebnis, nur mal einen einzigen Tag lang so schlecht wie ich zu sehen. So wie es umgekehrt für mich eine reizvolle Lektion in Sachen Demut wäre, einmal für 24 Stunden mit einem nur durchschnittlichen IQ herumzulaufen oder einem ganz gewöhnlichen Äußeren.

»Stell dir vor«, sage ich, denn das Friseurgeschäft ist neben Puff, Kneipe und Alpinkameradschaft der vierte klassische Schauplatz des obligatorischen Du, »es ist stockdunkle Nacht, du sitzt in einem finsteren Keller und jemand haut dir ein Brett mit Mehl drauf vor die Augen.« Natürlich übertreibe ich ein bisschen. Nur Nacht hätte schließlich genügt. Oder nur der Keller oder nur das Brett. Und wieso eigentlich mit Mehl drauf?

»Wieso eigentlich mit Mehl drauf?«, fragt die Friseurin, woraufhin ich nur schlau den Kopf wiege, damit sie denkt, ich wüsste die Antwort und traute ihr bloß nicht zu, sie zu verstehen.

»So, jetzt kannst du die Brille wieder aufsetzen«, ignoriert die Meisterin souverän meine verlogene Geste. Wir sind offenbar fertig. Bei klarer Sicht wünsche ich mich auf der Stelle in meinen Keller zurück – gerne auch mit Brett, Mehl und dämpfenden Betäubungsmitteln –, denn ich sehe aus wie eine Mischung aus Beaker von der Muppet Show und Herrn Wichmann von der CDU. Aber was habe ich mir eigentlich vorgestellt? Aus einem Esel kann auch die beste Friseurin kein Rennpferd machen.

Schlagfertig

Beim Joggen kommen mir zwei Mädchen entgegen. Sie lachen. Eines von ihnen vollführt skurrile Flatterbewegungen mit den Armen. Es sieht aus wie ein Huhn, das verzweifelt versucht, mit seinen Stummelflügeln abzuheben. Ich fürchte, sie äfft mich nach.

Der Verdacht erhärtet sich zur Gewissheit, als ich die beiden passiere und das Mädchen mir frech zuruft: »Ey, Sie müssen nicht *so* machen, sondern *so*.« Um mir zu zeigen, wie, legt sie die Arme an und schwingt diese eng am Körper vorbei, so wie ich es immer bei anderen Läufern beobachte.

Einerseits lasse ich mich nicht gern von Kindern verarschen. Andererseits möchte ich mich gern als humorvoller und souverän über den Dingen stehender Erwachsener präsentieren. Doch das ist einfacher gesagt als getan.

»Lauft ihr doch erst mal«, gebe ich einfallslos zurück. Es klingt eingeschnappt und obendrein durch den schweren Atem mühsam gepresst.

»Flattermann, Flattermann!« Die Rotzgören lachen mich aus, sie haben gewonnen. Ich bin nichts als eine Witzfigur, die mit wild kreisenden Ärmchen vergeblich dagegen anrudert, nicht vollends von ihrem absteigenden Ast herunterzupurzeln, und ich weiß es. Ich bin den Tränen nahe, wie eigentlich sowieso immer.

Rasch fange ich mich wieder und koche nun innerlich. In Endlosschleife läuft in meinem Kopf die Tonspule zum Dokumentarfilm über meine Erniedrigung ab: »Ey, Sie müssen nicht *so* machen, sondern *so*!« – »Lauft ihr doch erst mal!«

Warum ist mir bloß nichts Besseres eingefallen? Diese kleinen … äh … Frettchen, jawohl, Frettchen! Denen werde ich's zeigen! Im Verlauf meiner nächsten Runde werden wir uns wieder begegnen, und dann hören sie von mir den supercoolen Spruch schlechthin. So langsam, wie ich laufe und sie schlendern, habe ich bestimmt acht Minuten Zeit, mir etwas wirklich Schlagfertiges auszudenken.

Ich überlege fieberhaft. Zum Beispiel könnte ich gar nichts sagen und sie mit Missachtung strafen. Obwohl es dazu jetzt vielleicht ein bisschen spät wäre. Schließlich habe ich schon was gesagt, und zwar einen erbärmlichen Scheißdreck – eine schwere Hypothek. Umso gelungener muss zum Ausgleich jetzt die schlagfertige Replik sein, die mir hoffentlich noch einfällt.

»Seid doch still!« Hm. Nein, das überzeugt mich nicht. »Ich mach das, wie *ich* will«, »Das geht euch gar nichts an« oder »Geht weiter, es gibt hier nichts zu sehen«? Lau, lahm, langweilig. Ich fürchte, schlagfertig ist anders.

Apropos schlagfertig: Ich könnte den beiden einfach volle Lotte in die Fresse hauen. Ich schätze sie auf etwa zwölf Jahre – das müsste sich also selbst für mich relativ gefahrlos erledigen lassen. Und womöglich gingen auch nur Milchzähne flöten – ich will ja keine bleibenden Schäden verursachen, obwohl ihr Spott mich wirklich bis ins Mark getroffen hat.

Ach nein, es gibt zu viele Zeugen hier. Ich muss mir wohl doch was Subtileres einfallen lassen. Eine ironische Zustimmung vielleicht, so in der Richtung: »Ihr habt ja recht. Ich mach's sofort anders!« Aber das verstehen sie dann wieder nicht, die kleinen Hühner, und sie sollen sich schon ärgern, mindestens so sehr, wie ich mich vorher selbst geärgert habe.

Wie wäre es denn, wenn ich meinem Geflatter noch analoge Tänzelschritte beifügte und laut riefe: »Seht her: Es ist nur ein Tanz!« Ich verwerfe die Idee, da mich eine Ahnung beschleicht, mich auf diese Weise nur noch tiefer in die Blamage zu reiten.

Oder ich sage einfach: »Ihr Blödsäue!« Ja, das mache ich. Wenn mir bis zum Wiedersehen nicht noch etwas weitaus Besseres in den Sinn kommt, sage ich zu ihnen: »Ihr Blödsäue!«, und gucke auf der Stelle weg und halte mir die Ohren zu, die Arme wedeln ja ohnehin schon in Kopfnähe rum. So sehen sie, dass es keinen Zweck hat, wenn sie antworten: »Sie Blödarsch!«, weil ich nichts hören kann, und dann hab ich gewonnen.

Au weia, ich bin schon ziemlich weit. Gleich müssten sie wieder in Sichtweite kommen, und alles, was ich habe, ist ein mageres »Ihr Blödsäue«. Acht Minuten Brainstorming sind für mich deutlich zu kurz, um schlagfertig zu sein.

Weit entfernt mache ich die Mädchen nunmehr auf der Wiese aus. Zum Glück kommen sie mir nicht auf dem Weg entgegen. Ich bin erleichtert, weil ich doch mit meiner Antwort längst noch nicht fertig bin. Für den Fall, dass sie mich aus der Ferne dennoch wiedererkennen, winkle ich vorschriftsmäßig die Arme an.

Trickbetrüger

Normalerweise müsste ich stutzig werden. Doch dazu bin ich viel zu sehr mit vordringlichen Verrichtungen beschäftigt, denn auf das anhaltende Klopfen und Klingeln an der Wohnungstür hin muss ich erst aufwachen, mich dann aus dem Bett hochrappeln, »Moment …« murren, mir etwas zum Überziehen suchen, ein weiteres Mal »Moment doch!« brummen, mir etwas überziehen und schließlich die Tür öffnen.

»Guten Morgen, Herr Hannemann.« Vor mir schwenkt ein untersetzter Mann mit weißem Vollbart und blauer Arbeitshose triumphierend eine durchsichtige Plastiktüte, in der sich ein Türschloss befindet. »Ich habe hier endlich Ihr neues Türschloss!«

Spätestens jetzt sollten bei mir wirklich sämtliche Alarmglocken schrillen. Ich habe nämlich schon ein neues Türschloss. Außerdem ist dieser freundliche Weihnachtsmannverschnitt definitiv nicht der Haushandwerker der Verwaltung, der es erst kürzlich bei mir eingebaut hat. Übrigens auch nicht allzu gut: Ich muss die Tür seitdem von innen abschließen, damit sie überhaupt geschlossen bleibt.

Bei mir schrillt jedoch gar nichts. Stattdessen mache ich mir Sorgen um mein Erscheinungsbild. Schließlich habe ich den »Point of disgust« längst überschritten, also die Altersschwelle, ab der ein verquollener und verkaterter Mensch optisch und moralisch umkippt wie ein veralgter Tümpel und jede Restniedlichkeit einer jungen, sympathisch verpeilten Feierexistenz zugunsten einer rundum graugesichtigen Stoppelbärtigkeit von Körper, Geist und Seele einbüßt. Nun rieche ich einfach nur noch nach Verfall und Tod und sehe auch danach aus. Cher würde in diesem Zustand nicht mal der Feuerwehr die Tür öffnen, selbst wenn um sie herum die Bude in Flammen stünde.

»Entschuldigung«, unternehme ich den kläglichen Versuch, wenigstens einen Teil der Verantwortung für meine deprimierende Verfassung dem Eindringling aufzuhalsen. »Sie haben gar nicht gesagt, dass Sie kommen. Sonst wäre ich natürlich aufgestanden.«

»Schon gut, Herr Hannemann! Ich mach das schon. Legen Sie sich ruhig wieder hin, Herr Hannemann. Das dauert sowieso 'ne Weile.«

Er macht sich daran, das alte Türschloss abzuschrauben. Hinter seinem Rücken schlüpfe ich ins Bad, um wenigstens das gröbste Verwesungsodeur zu beseitigen. Unter dem Surren der elektrischen Zahnbürste beginnt nun langsam mein Hirn anzuspringen: Ein verdächtig netter Handwerker, der mir völlig fremd ist und im September einen auf Weihnachtsmann macht, erscheint also vollkommen unangemeldet an meiner Tür, um eine brandneue Schließanlage gegen eine noch neuere auszutauschen. Dabei rät er mir, mich während der Reparatur schlafen zu legen, und sagt in jedem Satz »Herr Hannemann«, als müsse er mir und sich in einem fort bestätigen, wer ich bin und wo er ist. Wahrscheinlich hat ihm sein Räuberhauptmann nur so einen Zettel mit Namen und Adresse mitgegeben.

Das ist es nämlich. Die bauen mir beziehungsweise *sich* hier ein Schloss ein, um in der Folge jederzeit bequem mit den eigenen Schlüsseln bei mir einbrechen zu können. Bereits diese Weihnachtsmannnummer hätte mich hochgradig alarmieren müssen. Nicht umsonst liest man ständig über Weihnachtsmänner in der Zeitung, die bewaffnet Banken überfallen oder Frauen vergewaltigen.

»Herr Hannemann: bin bald fertig, Herr Hannemann«, ruft zuckersüß der kriminelle Weihnachtsmann. Er ist sich sicher, dass ich ihm seine Masche abkaufe, und gibt sich nicht die geringste Mühe, eine schlüssige Legende vor mir zu entwerfen. Kein Wunder. So wie ich jetzt schon morgens aussehe, werden die Strolche sich bereits in absehbarer Zukunft die relativ aufwändige Show mit dem Türschlosseinbau sparen können.

Auf meine vertrottelte Arglosigkeit können sie sich verlassen. Eines Tages wird dann an meiner Tür nur noch unter einem fadenscheinigen Vorwand nach einem Bleistift oder einem Glas Wasser gefragt. Dabei trinkt doch kein Mensch mehr Wasser, geschweige denn schreibt er mit einem Bleistift. Wenn ich abgelenkt bin, schleichen sie an mir vorbei in meine Wohnung. Sind sie erst mal drin, fallen sie unter all den fremden Leuten sowieso nicht mehr groß auf – schließlich geben sich hier inzwischen Generationen von falschen Handwerkern den Nachschlüssel und die Klinke in die Hand.

Oder sie behaupten mit fester Stimme: »Kriminalpolizei Neukölln – hier ist meine Dienstmarke«, und halten mir den mit »POLITZEI« beschrifteten Deckel eines Einmachglases vor die dreiviertelblinden Augen. »Erbsen und Möhrchen, besonders fein«, steht im Kleingedruckten.

»Kommen Sie doch rein, Herr Inspektor«, fordere ich mit brüchiger Stimme den Beamten auf, tapere in die Stube voraus und biete ihm uraltes Konfekt oder Likörchen aus schmutzigen Kristallgläsern mit Jugendstilmuster an. »Nein danke, ich bin im Dienst«, bedauert der mit blaugrünen Tränen im Gesicht tätowierte Mann (das hat man wohl heutzutage so …) und verkündet ernst: »Wir müssen leider Ihre Schubladen auf Motten untersuchen!« Alternativ müssen sie mein Geld waschen, auf Echtheit prüfen, oder es sind gerade viel zu viele Banknoten mit ungeraden Nummern im Umlauf. Aber das wird schon alles seine Ordnung haben. Ich vertraue dem Herrn von der Polizei, so wie ich schon mein ganzes Leben lang immer allen vertraut habe.

»Ich bin fertig, Herr Hannemann«, meldet sich der Arbeiter und übergibt mir einen Satz Schlüssel für das neue Schloss. Sein eigener Satz hängt gewiss an einem Brett in seiner Räuberhöhle. Ich verabschiede ihn, als hätte ich keinerlei Verdacht geschöpft, und mache hinter ihm die Tür zu. Das heißt, ich versuche, hinter ihm die Tür zuzumachen. Sie klemmt. War wohl doch ein echter Handwerker.

Ein gutes Werk

Die Ratte auf der Fahrbahn gegenüber dem kleinen vietnamesischen Lokal, wo es so gut schmeckt, ist vollkommen platt. Der Grundriss weist nach geschätzten hundert Überfahrungen nahezu die Ausdehnung eines Schäferhundes auf. Grandiose Geometrie des Todes, wie der Körper eines Lebewesens langsam von der Drei- in die Zweidimensionalität transformiert wird, während umgekehrt die Seele aus der Eindimensionalität hin ins Unendliche strebt.

So wie ich ihr sehr breites Grinsen deute, sieht die Ratte nicht unzufrieden aus. Das erste Mal tat es bestimmt noch weh, doch inzwischen ist ihr längst alles egal. Ein Laster von Getränke-Hoffmann. Na und? Und noch mal drüber. Sie bekommt es ohnehin nicht mehr mit. Sie hat es hinter sich.

Wie eine Spionin, die sich dem Feind hingibt, um geheime Informationen zu erlangen, opfert sie ohne Rücksicht auf das eigene Leben und die eigene Moral ihren zum banalen Werkzeug gewordenen Körper. Da, wo sie liegt und sich wie angegossen in den mürben Asphalt schmiegt, wird die Fahrbahn geschont, der Steuerzahler entlastet.

Es ist eine einseitige Vorleistung, die sie da erbringt, denn wer garantiert ihr, dass von dem gesparten Geld nicht strahlungsfähiges Material gekauft wird? Oder Rattengift? Niemand. Dennoch nimmt sie den Märtyrertod in Kauf, weil sie an das Gute im Menschen glaubt. Sie hat Vertrauen. Ein Wunder eigentlich, nach allem, was ihr widerfahren ist. Und noch immer widerfährt. Beziehungsweise wieder überfährt. Diesmal ist es ein Fahrzeug der BSR. Das hätte sie eigentlich gleich mitnehmen können. »Das hieße ja wohl Eulen nach Athen entsorgen«, mögen sich die faulen Müllmänner gedacht haben, »nein danke – wir fahren lieber weich.« Undank ist der Welten Lohn.

Erstaunlich, dass es ausgerechnet eine Ratte ist, die hier ihr gutes Werk vollbringt. Schließlich gilt die überfahrene Ratte landläufig nicht gerade als der Rolls-Royce unter den toten Tieren. Im Gegensatz zum Beispiel zum im Kugelhagel gefallenen Lassie-Hund, der im tapferen Kampf mit einem tückischen Kindersexualmassenmeuchelmörder diesen noch mit sich in den Abgrund des Grand Canyon reißt. Oder das edle Rennpferd, das trotz Grippe als Sieger durchs Ziel stolpert, um dort tot zusammenzubrechen, Diagnose Herzmuskelentzündung, Hauptsache gewonnen. Oder die kleine Miezekatze, die beim Großbrand warnend von Haus zu Haus läuft, kratzt, klingelt und maunzt, bis sie von der Rauchvergiftung dahingerafft wird. Oder die Amöbe, die durch Veränderung des Säure-Base-Gleichgewichts im Weltmeer eine Umlenkung des Golfstroms und somit die Klimakatastrophe und die Vernichtung allen irdischen Lebens, so wie wir es kennen, verhindert. Sie alle bekommen Staatsbegräbnisse und viel Lob in einschlägigen Tierfibeln.

Die Ratte dagegen ist für alle bloß der Arsch. Sie

bekommt noch nicht mal einen feuchten Händedruck. Doch sie kann es verschmerzen, genauso wie den Fünftonner der Bundeswehr. Zack, drüber. Töten im Ausland reicht denen wohl nicht mehr.

Dezent und rücksichtsvoll macht die Ratte weiter hübsch auf Briefmarke. Vielleicht hatte sie ja beim ersten Überfahren noch mit dem Gedanken jongliert, mit den Vorderfüßen quer über die Straße und in das kleine vietnamesische Lokal hinein zu robben. Dort auf dem Boden zwischen den Gästen, die gerade ein leckeres Dim Sum verspeisen wollten, hätte sie vorwurfsvoll quiekend oder in stummer Anklage auf ihren zerquetschten Hinterleib gezeigt. Danach sich mit letzter Kraft am Kessel hochgezogen und mit Todesverachtung in die gute Rinderbrühe gestürzt. Die Leute hätten gewiss gestaunt. Doch im Grunde wäre das für alle Beteiligten eine echte No-win-Situation gewesen, wie ich zu sagen weiß, seit ich so eine moderne Freundin habe. Wohl auch deshalb hat sie davon abgesehen.

»Lasst Blumen sprechen«, steht auf dem nächsten Lastkraftwagen. Immer mehr franst die sterbliche Hülle des braven Tieres an den Rändern aus.

Die letzte Klappe

Neben dem Straßencafé an der Ecke wird offenbar gefilmt. Zwischen Scheinwerfern und Miet-LKWs sitzt die junge Crew an langen Biertischen und stopft sich das professionelle Catering von »Movie-Mampf« oder »Spachtel-Set« in die gestressten Spatzenmägen. Neugierig unterbreche ich meinen Spaziergang und setze mich in einen der bequemen Korbstühle vor dem Café.

Ich packe ein paar Arbeitsunterlagen auf den Tisch – solange die noch essen, gibt es ja nicht viel zu gucken. Linker Hand sitzt ein schweigsames Pärchen seltsam starr vor unergründlichen Modegetränken, zu meiner Rechten eine Frau ohne Getränk, doch dafür mit Stöpsel im Ohr. Die wartet wohl auch auf die Bedienung. Keiner kommt.

Eine Weile beschäftige ich mich damit, zuzusehen, wie der Wind an meinen Zetteln zerrt und sie schließlich davonträgt, zu fluchen, den Zetteln hinterherzurennen, sie einzusammeln und zurück auf den Tisch zu legen. Dann das Ganze wieder von vorn. Keiner kommt.

Langsam wird mir das Zettelspiel langweilig. Warum kommt keiner? Ich blicke mich um: Das Pärchen schweigt noch immer – auch hat es seine Getränke nicht angerührt. Vielleicht, weil sie wissen, wie lange sie auf Nachschub warten müssen. »Café Engel« steht an der Schaufensterscheibe. Früher war in diesem Lokal lange Jahre ein guter Grieche untergebracht, danach relativ kurz ein schlechter, und anschließend wurde es dann ein Café. Aber das hieß irgendwie anders, an den Namen »Café Engel« kann ich mich jedenfalls nicht erinnern.

Endlich kommt jemand. Er saß zuvor bei den Filmleuten und hat sogar zwei Stöpsel im Ohr. Ein Zweiohrstöpsler, ein Oberstöpsler – er muss also wichtig sein. Noch ehe ich meine Bestellung aufgeben kann, spricht er mich an: »Bist du ein Komparse von uns?«

Ich verneine.

»Dann kann es sein, dass wir dich später wegschicken müssen.«

Wegschicken? Frechheit! Ich bin baff.

Er bemerkt es und erklärt: »Jetzt haben wir noch Mittagspause, aber wenn wir nachher weiterdrehen wollen, musst du leider weg.«

Ich muss leider weg. Ganz lapidar. Aus einem öffentlichen Café. So fängt es wahrscheinlich immer an: Irgendwann muss ich dann weg aus der Wohnung, weg aus der Stadt, weg aus dem Leben. Aber so schnell gebe ich die Hoffnung nicht auf. »Ich könnte mich doch an einen anderen Tisch setzen?«

»Na ja«, hebt er resignierend die Schultern, »da wirst du auch nicht bedient.«

»Wieso? Soll das heißen, das ist hier gar kein richtiges Café, beziehungsweise es hat nicht geöffnet?«

»Richtig – das haben alles wir eingerichtet.«

Ich stehe auf. Seltsam starr sitzt das Paar, doch drüben grienen die Spatzenmägen. Seit einer halben

Stunde versüßen sie sich ihre Mittagspause damit, mich dabei zu beobachten, wie ich vor der Attrappe eines Straßencafés ahnungslos auf die Bedienung warte – nun bricht sich Heiterkeit Bahn.

Mir reicht's bald: Dieser ganze verdammte Bezirk scheint nur noch eine einzige Filmkulisse zu sein! Und wer nicht mindestens Komparse ist, spielt nicht mehr mit und landet im Fundus. Zum Nachtisch serviere ich den Biertischen Stinkefinger an beleidigter Leberwurst. Und schöne Grüße an »Movie-Mampf«!

Auf dem Heimweg sehe ich meine Umgebung auf einmal mit anderen Augen. Vorbei am Urban-Krankenhaus mit seinen Hunderten blassgeschminkten Patientendarstellern, vorbei am Taxistand, wo müde Hilfsdarsteller auf Drehschluss warten. Ich kenne die Anfragen: »Morgen früh ab fünf benötigen wir für Filmaufnahmen eine Daimler-Kombitaxe ohne Außenwerbung. Interessierte melden sich hier in der Funkzentrale …« Vorbei an falschen Zeitungskiosken, Imbissen, Läden, Schulen, an Requisiten wie Plastikdönern, Hundehaufen aus Lehm und falschen Zeitungen, an Kundenkomparsen und Schülerstatisten – sie alle wirken seltsam leblos und starr. Es sind nun mal keine richtigen Schauspieler.

Ach nein, was für ein lachhafter Tagtraum!

Als ich versuche, meine Wohnungstür aufzuschließen, lache ich nicht mehr: Der Location Scout hat das Schloss ausgetauscht. Nach langem Klingeln öffnet endlich ein Typ. Wer er sei, will ich wissen, und was er in meiner Wohnung zu suchen habe. »Der Regisseur«, gibt er zurück, und das hier sei jetzt seine Wohnung beziehungsweise die der Produktionsfirma: ein geiles Objekt, authentisch, abgewrackt – sie drehen hier

Knallhart II. Wer ich denn wiederum sei, will er wissen: »Bist du ein Komparse von uns?«

»Ja«, behaupte ich, aus Schaden klug geworden, »was muss ich machen?«

Ich habe Glück gehabt: Ich soll hier einfach nur ganz normal wohnen. Rumgehen, duschen, aus dem Fenster gucken. Und ich kann auch hier schlafen. »Eine Art Bett steht da hinten noch rum«, beschreibt der Produktionsleiter mein Lieblingsmöbel – das fände er sogar richtig gut, damit über Nacht keiner das Material klaut.

Am Tag versorgt mich »Spachtel-Set« aus der eigenen Küche. Hoffentlich dauern die Dreharbeiten noch lange. Sonst muss ich mir einen neuen Drehort suchen. *Knallhart III* oder so. Und wenn ich keinen finde, versuche ich's mal in Eigenregie: Mit einem Stunt aus dem Fenster im vierten Stock.

Falsche Schlange

»Gehen Sie ruhig vor – Sie haben ja nur ganz wenig«, sagt die Frau, die hinter mir in der Supermarktschlange steht, zu einer anderen, die wiederum hinter ihr steht, und lässt sie vor, so dass die, die nur wenig hat, nun direkt hinter mir in der Schlange steht und auf penetrant unaufdringliche und nicht nachweisbare Weise darauf lauert, dass auch ich sie vorlasse.

Natürlich mache ich das nicht. Vorlassen ist nämlich absoluter Quatsch. Ich hätte es schon an Stelle der anderen Frau nicht getan – das setzt doch die vollkommen falschen Signale. Schließlich hindert sie kein Mensch daran, mehr zu kaufen. Das liegt alles ganz allein in ihrer Verantwortung. Dann hätte sie nämlich nicht nur wenig und könnte ganz entspannt darauf warten, bis sie wirklich dran ist. Ganz davon abgesehen, dass Leute wie sie den Konsum bremsen und damit die Gemeinschaft schädigen. Im Prinzip wäre es exakt dasselbe, sie zöge jedem hier im Laden, sagen wir, zehn Euro aus der Tasche, ach was, allen 80 Millionen Einwohnern, risse den weinenden Kleinkindern stattdessen vielleicht die Lutscher oder Eistüten aus den Händchen, kaufte von dem Geld spaltbares Material, zündete dieses an und tanzte mit bösem Lachen um das tödliche Feuer. Und für ebendieses asoziale Verhalten will sie vorgelassen, also quasi obendrein noch belohnt werden? Mit ihrem Wenigen gelingt es ihr vielleicht, das Wirtstier, sprich die einfältige Frau, die sie vorgelassen hat, zu überlisten, aber nicht mich. Wenn niemand den Dränglern ein deutliches Stoppzeichen setzt, gehen wir im verderblichen Sog solcher Kreaturen allesamt jämmerlich unter. Genau das alles teile ich ihr mit, nicht mehr und nicht weniger. Sie guckt mich entsetzt an, gerade so, als wäre ich hier der Arsch – es ist dermaßen unverfroren.

Gut, vielleicht hätte ich nicht so irrsinnig dabei schreien sollen. Aber selbst dem Geduldigsten reißt irgendwann der Faden – das muss man doch verstehen. Im Grunde habe ich keine andere Wahl. Man muss sich das doch einfach nur mal vorstellen: Ich stehe nichtsahnend an der Supermarktkasse, und dann wird von hinten auf schier unmenschliche Weise pseudomoralischer Druck ausgeübt. Da würde ein Ochse dran zerreißen. Nicht dass die mit den wenigen Sachen etwas sagen würde, das muss sie gar nicht, ihr verlogenes Schweigen reicht da völlig. Im Gegenteil, würde sie doch nur was sagen! Das wäre immerhin nicht ganz so hintenrum, subtil und weinerlich à la »Ich bin so klein, mein Herz ist rein«. Ekelhaft. Dazu blickt sie scheinbar unauffällig vor sich hin und tut, als beachte sie mich gar nicht. Dabei soll ich doch genau spüren, was sie von mir erwartet. Ich soll mich schlecht fühlen, weil ich sie nicht auch vorlasse, und vor lauter Schuld krepieren wie ein Hund – der Plan ist sonnenklar.

Aber nicht mit mir, Frolleinchen! Jeder auch nur halbwegs des Denkens und Fühlens fähige Mensch wird mittlerweile längst nachvollziehen können, warum ich sie daraufhin am Kragen packe, ihr aus wenigen Nanometern Entfernung ins Gesicht schreie und ihr Weniges nach hinten in den Laden zurückschmeiße auf den Haufen mit dem Vielen. Da kann sie es sich meinetwegen wiederholen und sich danach noch mal ordentlich hinten anstellen – das gibt ihr weidlich Gelegenheit zum Nachdenken. Und die hat sie augenscheinlich bitter nötig. Das kreidebleiche Gesicht der Kassiererin gibt mir recht – die hat eine solche Frechheit offenbar auch noch nicht erlebt.

Als ich mit meinen Einkäufen aus der Tür trete, steht mir der Schweiß auf der Stirn. Meine Hände zittern. Ich mache so was nämlich auch nicht gern. Eigentlich bin ich ein harmoniesüchtiger Mensch, doch in Situationen, in denen Zivilcourage gefragt ist, kann sich nicht jeder hinter seine Bequemlichkeit zurückziehen. Ein Polizeiauto hält mit quietschenden Reifen direkt vorm Supermarkt, zwei Beamte springen heraus. Hoffentlich kriegen sie die Hexe noch.

Ein Zug durch die Nachbarschaft

In die erste anvisierte Neuneuköllner Kneipe für nette junge Leute lassen sie uns erst gar nicht rein. »Noch nicht offen«, wird uns durch die geschlossene Tür hindurch bedeutet, unterstützt von kruzifixartigen Gesten, als wolle man einen Vampir abwehren. Bestimmt haben sie Angst, dass sie nach Feierabend streng riechende alte Männer, die auf dem Sofa eingeschlafen sind, aus dem warmen Lokal bekommen müssen, nachdem diese zuvor die gesamte Kundschaft vergrault haben. Mit Schnorren, mit Stinken, mit »Hörma, Mädelchen, was geht ab? Rock'n'Roll, Alter, ich bin der Joe!«

Wir spähen durch die große Fensterfront hinein. Der Laden ist tatsächlich noch leer, der Tresen verwaist. Nur ein Kunstmädchen hüpft im Licht eines Standscheinwerfers herum und fotografiert sich mit ernster Miene selber. Sie unterbricht die selbstverliebte Pose nur, um uns mit einer Handbewegung fortzuscheuchen.

Die frühe Uhrzeit ist natürlich ein gutes Argument. Besser auch als diskriminierende Piktogramme. Ich stelle mir ein rot-weißes, durchgestrichenes Symbol vor, das eine gebückte Gestalt zeigt, die die Zahl, sagen wir mal Vierzig, in Form eines Rollators vor sich herschiebt. Darunter der Zusatz: »Wir müssen leider draußen bleiben.«

Aber so leicht werden die uns nicht los. Wir kommen einfach später wieder und zeigen denen, dass wir selber nette junge Leute sind. Bis dahin beschließen wir, im nahe gelegenen »Sander Stübl« unterzuschlüpfen.

Dort lässt man uns anstandslos ein, dort sind wir auf einmal wieder die Jüngsten. In jeder der vier Ecken des Gastraums brütet ein stummer Gast vor seinem Bier, als hätte ein überdimensionierter Schachspieler beim Aufbau der Figuren zunächst die Türme hingestellt und wäre anschließend verreist oder verstorben.

Das Bierangebot ist erfreulich überschaubar. Es gibt Schultheiß vom Fass und Weizen aus der Flasche. Kein Schnickschnack, kein Firlefanz, keine dritte Sorte. Wir unterhalten uns leise. Ab und zu seufzt einer der Gäste schwer, aber nicht wirklich unzufrieden vor sich hin. In der Ecke zeigt ein Fernseher eine Quizshow. Die Kandidaten müssen anhand eines verfremdeten Fotos eine völlig unbekannte Prominente erraten.

Ich habe von der jedenfalls noch nie gehört. Zu meiner Zeit gab es immer nur drei Prominente: Schiller, Goethe und Hitler. Den Rest konnte man getrost vergessen. Da existierte noch kein inflationär aufgefasster Prominenzbegriff, demzufolge jeder schon als berühmt gilt, der in der Schlange an der Supermarktkasse mal eben kurz den Arm hebt und »Huhu!« ruft.

Nach einer halben Stunde »Sander Stübl« fühlen wir uns buchstäblich wie neugeboren. Wir sind nun reif für die Kneipe für nette junge Leute. Die müsste inzwischen auch offen haben. Wir zahlen und wir gehen. »Schön' Ahmt no'«, knarzen uns die Türme hinterher.

In der Kneipe für nette junge Leute sind wir fast die Ersten. Die nette junge Tresenfrau mustert uns mit einem Blick, der offenlässt, ob sie sich verarscht oder bedroht vorkommt. Aber immerhin macht sie uns ungefragt einen Zettel. Wahrscheinlich hat sie keinen Bock darauf, wie wir bei jeder Bestellung mit zittrigen Fingern und trüben Auges die Kupfermünzen aus dem Portemonnaie pulen, umständlich auf den Tresen legen und bitten: »Schaue sie mal, nehme sie sich einfach das Passende raus …«

Neugierig bin ich ja schon, was sie oben auf den Zettel schreibt. »Alte Säcke« vielleicht, und als Anweisung für den Kollegen der Spätschicht: »Hinterher unbedingt die Stühle auf Nässe kontrollieren!«

Das Kunstmädchen baut den Scheinwerfer ab, und das Lokal füllt sich rasch. Dicht gedrängt stehen die netten jungen Leute zwischen den Tischen herum. Von meinem Sessel aus sieht das sehr unbequem aus. Im »Sander Stübl« wäre ja noch jede Menge Platz. Ich kann nur leider nicht genug Spanisch, um ihnen das vorzuschlagen. Die einzige Form der Kommunikation zwischen uns und den netten jungen Leuten besteht darin, dass alle zehn Minuten eine neben unserem Tisch stehende nette junge Frau wortlos mein Feuerzeug vom Tisch grabscht, sich eine Zigarette anzündet und es anschließend, ohne mich, den Tisch und das Feuerzeug auch nur eines Blickes zu würdigen, geradezu verächtlich mitten auf den Tisch SCHMEISST – ein Verb, das für diesen Vorgang eigens erfunden scheint. Mein Kommunikationsbeitrag besteht wiederum darin, das Feuerzeug dann jedes Mal wieder ordentlich vor mich hinzulegen, bis ich es nach einem halben Dutzend dieser demonstrativen Demütigungen aus Erziehungsgründen wegstecke.

Als wir schließlich gehen, werden uns zwei Bier weniger berechnet. Etwa aus Mitleid? »Wir können noch bezahlen«, bin ich versucht zu sagen, »wir sind gar keine Rentner, sondern nette junge Leute im besten Alter. Guck bloß mal ins »Sander Stübl«!«, doch dann schlucke ich all die Worte lieber hinunter.

»Beehren Sie uns bald wieder«, sagt das Tresenfräulein. Ich fürchte, sie meint das ironisch.

Das Richtige tun

»Sag mal, Alte, hast du mich grad angeglotzt?«

Eine scharfe Stimme zwingt mich, im U-Bahn-Waggon den Blick vom Philosophiebuch zu heben: »Versteckte Wendeltreppen in den Keller der Erkenntnis des Nachbewussten am Rande saumseligen Halbhandelns«.

Vorsichtig luge ich nach rechts. Dort baut sich ein schwarzgekleideter Riese vor einer Oma auf. Weißes Kleid, blaues Schleifchen im sorgsam ondulierten Silberhaar, kauert sie geduckt in der Ecke. »Nein«, flüstert sie, »nein, ich habe Sie nicht angesehen, junger Mann, ganz gewiss nicht!«

Der Typ entreißt ihr mit einem Finger die Handtasche und schallert ihr eine, dass der Kopf wie schlecht befestigt hin und her schlenkert. Zum Schläger gesellen sich zwölf weitere Männer, auch sie alle in Schwarz. Gemeinsam nehmen sie nun die alte Frau in die Mangel. »Hilfe«, ruft sie schwach, »helft mir doch!«

Ich stutze. Sollte ich irgendetwas unternehmen? Gibt es da nicht so 'n belgisch klingendes Schlagwort, »Zivilcourage« oder so?

Ach was, Zivilcourage – Zuvielamarsch. Und schließlich wüsste ich noch nicht mal genau, für wen ich mich überhaupt einsetzen sollte. Einem einfältigen Menschen schiene die Sachlage natürlich eindeutig: Aha, aha … auf der einen Seite einzelne Oma, auf der anderen dreizehn Männer … aha, brummel brummel … sie sitzt still da, die Männer greifen sie an … soso, soso … blaues Schleifchen hier, stählerner Schlagring dort … mhm, interessant … sie trägt Weiß, die tragen Schwarz, alles klar. Haha, alles klar.

Spätestens bei diesem unsäglichen Schwarzweißding aber müssen bei jedem aufgeklärten Menschen doch die Alarmglocken schrillen: Einmal mehr drohen wir hier den in uns abgespeicherten Konventionen auf den Leim zu gehen. Stereotype wie Gut und Böse, Dunkel und Hell, Recht und Unrecht. Und dann die Zahl Dreizehn – Gott, geht's noch dümmer? Da fehlt bloß das Big Hollywood Philharmonical Orchestra im Hintergrund. Ein Leben lang wird unser Denken mit solcherlei platten Botschaften verseucht – das geht schon im Märchen los: Wer kriegt den Prinzen? Schneeweißchen. Wer nur den Bruder? Rosenrot.

Das Leben ist aber nun mal weder Film noch Märchen. Nur wer das reflektiert, ist auch wirklich noch in der Lage, frei zu urteilen und entsprechend zu handeln. Wo wir uns eben noch eine vertraute Dummengleichung zurechtbasteln wollten, macht sich plötzlich ein vielschichtiges System aus unheimlich komplexen Wechselwirkungen bemerkbar, die je nach situativem, sozialem oder politischem Kontext völlig verschiedene Dynamiken entwickeln können. Oder, einfacher gesagt: »Man steckt nicht drin.«

Mein Gespür sagt mir jedenfalls längst, dass die Omi angefangen hat – alles andere wäre schlicht zu billig. Sie hat die dreizehn Dunklen provoziert, bestohlen und bedroht. Die Handtasche gehört dem ers-

171

ten Angreifer. Doch was heißt überhaupt Angreifer? Er kam ihr ohnehin nur zuvor. Die hat 'ne Knarre unter ihrem weißen Kleid – jede Wette. Mit ihrer Unschuldsmasche will sie sich doch bloß arglistig zum Opfer stilisieren. Aber nicht mit mir. Sie dachte wohl, eine U-Bahn voll manipulierter Medienopfer vorzufinden, die sie bei ihren Aggressionen gegen die Dunkelmänner blind unterstützen würden. Da hat sie sich aber geschnitten.

Gleich werden wir halten. Ich erhebe mich möglichst unauffällig. Ich möchte nicht stören. Gewiss sollte ich den Dunklen helfen, schon allein wegen der Zivilcourage, doch ich habe das Gefühl, die schaffen das auch ohne mich. Die Oma wimmert nur noch leise. Mit so viel Gegenwehr hat sie offenbar nicht gerechnet. Das wird ihr eine Lehre sein.

Um ein Haar hätte ich ihn beim Aussteigen übersehen, den quadratischen kleinen Aufkleber, der zurzeit doch an so vielen U-Bahn-Türen prangt. An jeder der vier Ecken ein Wort: »Halt. Gewalt. Mach. Mit.« Eine feine Kampagne!

Die haben recht. Es geht auch ums Prinzip, da kann es nicht sein, dass einer wie ich sich einfach drückt. Halt. Die Türen schließen sich wieder, ich bleibe im Wagen. Gewalt. Schiebe zwei Dunkle beiseite und mache mit. Hier ein Tritt, dort ein Tritt, so gefährlich wirkt die Oma inzwischen auch gar nicht mehr – der haben wir den Zahn aber gründlich gezogen.

Was Großes

»Oh, ich fürchte, einer von Ihnen ist da gerade in was Großes reingetreten«, sagt die Buchhändlerin.

Ich blicke mich um: Der ganze Laden ist dermaßen in Scheiße getaucht, dass man sich eher in einer gefüllten Jauchegrube wähnt denn in einem Buchladen. »Ich nicht«, sage ich schnell.

»Könnten Sie eventuell mal unter Ihren Schuhen nachsehen?«, insistiert die Frau.

Widerwillig sehe ich nach. Und tatsächlich: Ich brauche noch nicht mal den Fuß zu heben, um unter die Sohle zu gucken, denn tiefbraun quillt es bereits links und rechts den Turnschuh hoch. Ich stecke offensichtlich ganz tief in der Scheiße. Doggendurchfall wahrscheinlich oder ein entlaufener Zirkuselefant.

Entschuldigungen murmelnd, verlasse ich das kleine Geschäft mit dem großen im Profil. Dabei verdopple ich logischerweise die Anzahl der bereits in den hinteren Verkaufsraum hineinführenden schmierigen Tapser. »Spur der Schweine«, versuche ich kurz vor der Tür noch einen Scherz. Keiner lacht.

Draußen versuche ich durch Stampfen und Scharren in Pfützen, Laub und Baustellensand die eklige Hundepaste zu entfernen. Wie konnte mir das bloß passieren? Ich lebe bald 25 Jahre in dieser fast ausschließlich von kackenden Kötern bewohnten »Stadt«. Wo ist nur mein traumwandlerisch trainierter Blick geblieben? Ein Neuköllner, der am helllichten Tag in einen Hundehaufen tritt, ist wie ein schamroter Pornodarsteller, wie eine Fledermaus, die gegen den Baum fliegt, wie eine Katze, die aus dem Fenster auf den Rücken fällt.

Das ist in jedem Fall peinlich. Ich finde aber, auch die Bäume sind hier nicht ganz unschuldig. Die stecken ja mit den Hunden bekanntermaßen unter einer Decke – oft genug sieht man sie schließlich konspirativ beieinanderstehen, immer ein Baum und ein Hund, und auf eine Weise kommunizieren, die den meisten Menschen doch ziemlich fremd erscheint: Der eine hebt ein Bein und pinkelt den anderen an, der andere steht still und schaut zu. Und so verbergen die Bäume zu dieser Jahreszeit die Frucht des Hundes perfide unter ihrem braunen Laub, damit anschließend beide was zu lachen haben. Da kann es dann eben doch einmal passieren, dass die Katze auf den Rücken fällt. Die Leidtragende ist in diesem Fall die Buchhändlerin.

Von der Stelle, wo ich meinen Schuh reinige, kann ich ihre Hand sehen, die im Eingang mit einem Lappen Schicht für Schicht von der besonders bedachten Fußmatte abträgt. Als höflicher Mensch streife ich mir stets gründlich die Füße ab. Ihr Gesicht ist mir von meinem Standpunkt aus verborgen und somit zum Glück auch ihre Tränen.

Wenn ich allein von den Rückständen ausgehe, die jetzt noch an meinen Tretern haften, ist ihr Laden ein einziger Kothaufen. Braun klebt es nicht nur auf der

Fußmatte, sondern auch in den Gängen, an den Wänden, der Decke, auf den Regalen, zwischen den Buchseiten. Eine einzige literarische Jauchegrube. Ich war ja überall, habe hier gestöbert und dort geblättert. Das geht doch alles nie mehr weg. Der Gestank bleibt und hält ab vom Schmökern. »Scheißladen«, werden die Kunden sagen und rausgehen. Das Leben der Buchhändlerin wurde zerstört durch eine einzige Tretmine. Und ich bin schuld.

Höllowien

»Das heißt: ›Süßes, sonst gibt's Saures‹«, verbessere ich die drei kleinen Kinder, die vor mir im dunklen Treppenhaus stehen. Sie tragen schwarze Umhänge und sind mit Hasskappen bis zur Unkenntlichkeit vermummt. Das kleinste von ihnen hat eine Ausbeulung unter der Maske, die von einer Gasmaske, aber ebenso gut von einem Schnuller herrühren kann.

»Kippen, sonst gibt's Messer«, wiederholen alle drei unbeirrt im Chor.

»Ach, Kinderchen«, seufze ich gutmütig. »Ich geb's auf.« Ohne ihnen auch nur eine Sekunde lang den Rücken zuzudrehen, bewege ich mich vorsichtig durch meinen erleuchteten Flur hin zu dem kleinen Schränkchen dort. Ich ziehe ein paar Zigaretten aus der bereitliegenden Schachtel und werfe sie aus sicherer Entfernung in den weit geöffneten blauen Müllsack, den mir das größte der Kinder entgegenhält. Dabei gelingt es mir, einen kurzen Blick ins Innere zu werfen: ein wildes Durcheinander aus zahllosen zerknickten Zigaretten, Flachmännern, Feuerzeugen, Geldmünzen und Einbruchswerkzeug.

»Kippen, sonst gibt's Messer«, insistiert quengelnd das Kleinste.

»Was denn noch?« Ich brumme ungeduldig. »Schnaps etwa?«

Wortlos nicken die drei – das wirkt unheimlicher, als wenn sie ihre piepsigen Stimmen erheben. Klirrend verschwinden ein paar Taschenfläschchen in der Mülltüte, und schon stürmen die Kinder kichernd die Treppe runter. Mit diesem Haus sind sie fertig. Ich schließe erleichtert die Wohnungstür, nur um zwei Minuten später bereits vom nächsten Klingeln aufgeschreckt zu werden. Entnervt drücke ich den Summer.

Halloween ist für die meisten Erwachsenen zwischen Richard- und Hermannplatz schlicht die Hölle, denn der noch vor kurzem hierzulande kaum bekannte Brauch erweist sich für Neukölln wie maßgeschneidert: Ein komplett gottloses, kommerzielles und zu kriminellen Handlungen geradezu einladendes Fest wurde so innerhalb weniger Jahre zum höchsten Feiertag neben Silvester und dem Jahrestag des großen Arbeitsamtbrandes in der Sonnenallee.

Es gibt exakt zwei Möglichkeiten, diesen Tag zu überleben: Entweder man zieht selber von Tür zu Tür oder man beugt sich den Erpressern. Für Ersteres bin ich zu alt, und nichts zu geben oder nicht zu öffnen ist ebenso riskant, wie an Halloween nicht zu Hause zu sein. Dann dringen sie einfach ein und räumen die Bude aus. Unten auf der Straße warten die großen Brüder mit gemieteten Transportern.

»Kippen, sonst gibt's Messer!« Schon hämmert die nächste Abordnung von draußen an meine Tür. Ich öffne. Diesmal sind es zwei Mädchen. Sie sind nicht verkleidet: Das zeigt, wie sicher sie sich fühlen. Die beiden dürften mindestens zehn Jahre alt sein, da sind sie mit Kinderkram wie Rauchen oder Trinken längst schon wieder durch. Ich kann für mich nur hoffen, dass ich auch noch illegale Drogen dahabe.

»Hm, die Drogen ... Wo waren denn bloß die Drogen? Irgendwo müssen sie doch sein, verdammt noch mal!« Zunehmend hektischer durchsuche ich sämtliche Küchenschubladen, während eines der Mädchen mit dem Gewehrkolben einen ungeduldigen Rhythmus gegen den Türrahmen klopft – ich erkenne ihn: »Spiel mir das Lied vom Tod.« Am Ende werde ich unter dem Schreibtisch in einem großen Karton mit der Aufschrift »Arbeitszimmer/Rauschgift« fündig, den ich seit dem Umzug vergessen haben muss. Eine abgelaufene Familienpackung Ecstasy landet im Gabensack, dazu zwei Tuben Klebstoff, die ich in der Werkzeugkiste finde.

»Mehr habe ich wirklich nicht.« Ich zucke bedauernd mit den Achseln. Blöder geht's nicht. Eine demutsvollere Geste hätte mir garantiert die eine oder andere Null auf dem Barscheck erspart. Nach dessen Erhalt ziehen die Kinder endlich ab. Aufatmend lausche ich den sich entfernenden Schritten.

Aus dem Treppenhaus dringt auf einmal gellendes Geschrei zu mir hoch, dazu ein hungriges Prasseln wie von Flammen, die rasend schnell morsches Holz auffressen, vielleicht auch Knochen, wahrscheinlicher noch beides. Das muss die alte Brieske aus dem Ersten sein, die lernt anscheinend gar nichts mehr dazu. Dabei haben sie ihr erst voriges Jahr mit einer Eisenstange beide Beine gebrochen, als sie versucht hat, ihnen Schokolade vom Weihnachtsfest davor anzudrehen. Es ist mir unbegreiflich, wie jemand diese letzte Warnung nicht verstehen kann. So zwingt sie die Kinder praktisch dazu, die Sanktionen zu steigern, falls sie sich nicht komplett unglaubwürdig machen wollen, und wer will das schon?

Von der Straße höre ich Hilferufe, Schüsse und Sirenengeheul. Es ist doch jedes Jahr dasselbe. Neukölln erntet, was Satan gesät hat. Ich bete zum Teufel, dass Halloween vorübergeht.

Nächstenliebe

Kalt ist es geworden im Park. Es sind kaum noch Spaziergänger unterwegs. Untätig frieren die Dealer unter den Bäumen, denen ebenfalls kalt ist, denn ausgerechnet wenn es kühler wird, verlieren sie ihre wärmenden Blätter, anstatt sich einen extradichten grünen Pelz zuzulegen. Da hat die Natur Mist gebaut, das muss man leider so klar sagen.

Immerhin wird das Fell der Eichhörnchen nun buschiger, doch wurde bei denen dafür das Gehirn vergessen. Ich sehe, wie sie zerstreut zwischen den halbnackten Bäumen umherirren und nach Verstecken suchen, die sie sowieso gleich wieder vergessen werden. Auch diejenigen Zugvögel, die es vor dem politischen Umschwung nicht mehr Richtung Süden geschafft haben, müssen dieses Jahr zu Hause bleiben: Deutsche Vögel gehören nach Deutschland. Es weht ein neuer Wind durchs Land, und der ist bitterkalt.

Viele haben es jetzt nicht leicht, doch ganz besonders gilt das zu dieser Jahreszeit für diejenigen, die im Freien arbeiten müssen: Gärtner, Fußballspieler, Dealer. Und Exhibitionisten. Ein solcher schlüpft in diesem Moment aus dem Gebüsch hervor und stellt sich mir breitbeinig in den Weg. Wie lange er an diesem kalten Tag vergeblich gelauert haben muss: weit und breit kein Mädchen zu sehen und nicht mal eine alte Frau! Jetzt ist er gezwungen, sich mit mir mittelaltem Herrn zu bescheiden, doch wäre ich nicht gekommen, hätte er sich am Ende vor den Eichhörnchen entblößen müssen, denen für seine Kunst nun wirklich der Kopf fehlt.

Er tut mir leid. Wie gern würde ich ihm ein wenig Bestätigung verschaffen. »Nur zu«, ermuntere ich ihn freundlich. Er tut seine Pflicht und öffnet seinen Mantel. Darunter trägt er fleischfarbene Thermounterwäsche. So kalt ist es.

»Ja huch, ja Hilfe, ja ojemine«, mache ich brav, doch er merkt, dass mein Schrecken nicht echt ist und ich ihm nur helfen will. Im Grunde weiß er genau, dass er versagt hat, doch er friert nun mal so. Er lächelt tapfer und hält den Mantel noch ein Stück weiter auf, aber ich sehe auch die Träne, die ihm aus dem Augenwinkel quillt und langsam die blasse Wange hinunterrinnt, um schließlich vom Kinn herab ins bunte Herbstlaub zu tropfen. Am liebsten würde ich ihn in den Arm nehmen, doch ich halte mich gerade noch zurück, denn das hätte seine Berufsehre endgültig vernichtet.

»Ogottogottogott«, versuche ich es stattdessen ein letztes Mal, vergeblich: Resigniert schließt er seinen Mantel und schlurft mit hängenden Schultern ins Gebüsch zurück, ein Bild des Jammers. Sein ersticktes Schluchzen verfolgt mich, bis ich endlich außer Hörweite bin.

Trauer fasst mich an. Auf einmal denke ich an den heiligen Martin, der angeblich in kalter Herbstnacht zum Schwert griff und damit seinen Mantel in der Mitte durchteilte, um die Hälfte einem Bettler am

Wegesrand zu schenken, damit dieser nicht mehr fror. Seither dient er den Katholiken als Schutzpatron der Exhibitionisten, der vor allem bei Blasenentzündung und polizeilicher Verfolgung angerufen wird.

Diese Überlieferung ist jedoch Unsinn. Der heilige Martin heißt schließlich nicht umsonst heiliger Martin und nicht bescheuerter Martin. Hätte er seinen Mantel nämlich zerschnitten, wäre der schlicht kaputt gewesen und hätte keinen mehr gewärmt. So griff Martin zwar in der Tat zum Schwert, um damit allerdings den Bettler in der Mitte durchzuteilen, damit dieser nicht mehr fror. Eine kluge und fromme Lösung, mit der sämtliche Beteiligten zufrieden waren, vom Mantelladen vielleicht abgesehen. Der Heilige konnte seinen Mantel behalten, und der Bettler hatte sowieso keine Freude mehr am Leben, weil er so scheißearm war.

Doch die Kirche benötigt nun mal die haarsträubende Version vom mildtätigen reichen Mann als zentralen Baustein ihres windschiefen Lügengebäudes. Fände der Reiche nämlich einen praktischen und humanen Weg, der obendrein nichts kostet, und verschwände zugleich der Bettler, gäbe es Kirchenaustritte en masse. Das geht natürlich nicht in einer Jahreszeit, in der das Geschäft mit der Seelenpein traditionell Hochkonjunktur hat.

Im Tierpark Neukölln

»Oh, guckt mal, Pferde!«

Das Kind, das wir uns für den Tag geliehen haben, scheint zum Glück noch immer nichts zu merken. Die Mogelpackung »Tierpark Neukölln« zieht. Dabei hat man an den ollen Streicheltiergehegen einfach nur die Zäune gestrichen, zwei neue Hornochsen hingestellt und den seit Jahren sterbenden Esel einmal umgedreht, damit er in die andere Richtung guckt. Dazu ein brandneues Schild, auf dem ein Kamel, ein Känguru sowie ein äußerst böse dreinblickender großer Vogel die gewünschte Exotik verbreiten. Am Ende noch »Tierpark Neukölln« drübergepinselt und fertig ist die Laube. Der Neuköllner merkt das nicht, mit dem Neuköllner kann man das ja machen. Wie leicht kleine Kinder sich betrügen lassen, ist ohnehin phantastisch.

Das Kinderreiten hat soeben angefangen. In einer langen Warteschlange wird das Kind an den Zaun gelehnt und währenddessen ein Blick auf die anderen Tiere geworfen: unwichtige Tiere, die blöd gucken. Natürlich müssen es nicht immer Löwen, Elefanten und Pinguine sein. So einen Angeberzoo können sie auf dem Kollwitzplatz errichten. Hier gibt es bescheidene Tiere für einen bescheidenen Bezirk – das ist so weit schon in Ordnung. Dennoch vermisse ich die auf dem Schild versprochenen halbwichtigen Tiere, das Zwischendeck der Arche Noah, die zweite Reihe, die zumindest marginal über Pfau und Schaf hinausgeht: das Kamel links auf dem Schild, das kleine Känguru rechts hinten und den böse guckenden großen Vogel rechts vorne. Das ist doch kaum zu viel verlangt!

Fast wünschte ich mir ein paar fest verankerte Kriterien, was den Erwerb des Titels »Tierpark« für ein Parkgehege betrifft. So sollte der böse große Vogel schon mal absolutes Muss sein. Dieser ganze Etikettenschwindel hat mich bereits als Kind zutiefst empört: Waren auf den Plakaten des Wanderzirkus, der in unser Bergdorf kam, Tiger abgebildet, die auf Harleys durch brennende Reifen rasten, und ging ich dann, nachdem ich zwei Wochen lang nachts aus Vorfreude kein Auge mehr zugemacht hatte, in die Vorstellung, erwartete mich eine Handvoll verlauster Wühlmäuse in einem Dreimannzelt. Vor diesem stand der Direktor, ein von der Polizei gesuchter Zwerg mit Burger-King-Krone auf dem Kopf, knöpfte mir fünfzig Pfennige ab (damals unglaublich viel Geld!), stieß mich grob ins Zeltinnere und verschwand mit hässlich meckerndem Gelächter.

Die einst erlittene Kränkung angesichts der gerissenen Falschheit der Erwachsenen lodert in diesem Moment wieder auf. Als wäre ich eines von ihnen, fühle ich mit den Kindern, die von ihren Eltern (womöglich sogar besten Wissens und Gewissens) in den angeblichen Tierpark Neukölln gelockt werden, damit sie ihr Zimmer aufräumen, einem Entzug zustimmen oder ihre Handyrechnung bezahlen. Und dann das böse Erwachen: kein Känguru, kein Kamel und kein böser großer Vogel.

»Betrüger! Unwichtiges Tier!«, zische ich dem einen neuen Hornochsen zu, der selten dämlich unter seinem ungeschnittenen Fransenpony hervorglotzt. Das wird ihm eine Lehre sein, der wird sich in seiner nächsten Bewerbung nicht noch mal als Zootier ausgeben, sondern brav in die Landwirtschaft zurückgehen. Arbeit ist keine Schande, Kamerad Hornochs!

Das Kind ist jetzt dran mit Reiten. Zwei Runden lang wird es langsam im Kreis herumgeführt. Ein zweites Kind schluchzt herzzerreißend, als es wie alle anderen nach der zweiten Runde absteigen muss. Solche Szenen habe ich das letzte Mal bei Olympia gesehen, als eine Springreiterin disqualifiziert wurde. Unser Leihkind aber lässt sich ohne Murren wieder vom Pferderücken trennen und zurück auf seine kleinen Füße stellen. Es lacht sogar dabei.

So ein Leihkind ist überhaupt praktisch. Man muss nicht miterleben, wie es in ein paar Jahren rechtsradikal und trunken in der Ecke liegt und einen am Ende mit dem Hammer erschlägt, nur weil man ihm keinen Ferrari gekauft hat. Und ganz aktuell müssen wir uns keine Sorgen machen, dass es vom Pferd fällt oder verlorengeht – es ist ja nicht unser eigenes. Die Eltern sind natürlich stets ein bisschen maulig, wenn man ohne Kind zurückkommt, aber nach ein paar Jahrzehnten kriegen sie sich meistens wieder ein.

»Was ist denn mit dem Pferd auf dem Schild?«, fragt nun das Kind.

»Das hat Geburtstag«, antwortet die Leihmutter eilig. Das besagte Schild hängt neben der Kinderreitkoppel und zeigt das weiße Pony »Schneemann«,

gestorben am 27. 02. 2010. »Warum habt ihr mich tot-
gefüttert?«, steht anklagend neben diversen durchge-
strichenen Lebensmitteln. Tja, warum nur? Gute
Frage eigentlich. Wahrscheinlich, weil hier nicht
jeder Besucher weiß: bei hellen Huftieren die Curry
immer ohne Darm und die Pommes grundsätzlich
ohne alles.

»Herzlichen Glückwunsch«, sagt das Kind. Ein
Glück, dass die Vierjährige noch nicht lesen kann.

Vorwärts nimmer, rückwärts immer

Auf einmal ist fast alles wieder beim Alten. Nur die Namenszüge über den ehemaligen Cafés, Bars und Galerien erinnern noch an den kurzen Spuk, der Nordneukölln vorübergehend zum Trendviertel machte. Heute trinken grobe Gestalten an den Stehtischchen vor dem *Böse Mädchen kommen hierhin (im Traum *lol*)* ihr Frühstücksbier. Hauptsache, auch der Besitzer ist wieder einer von ihnen. Das mit dem Schild hat Zeit. Irgendwann fällt es sowieso von selber runter. Witterung, Flaschenwürfe, Feuerwerksraketen.

Je nach Temperament fluchend oder weinend, packen nebenan die letzten Briten, Amis und Hannoveraner ihre Macs und Hängematten in den Mietlaster. Sie haben die Schnauze voll; der Abenteuerspielplatz »Kreuzkölln« schließt seine Pforten. Hämisch lachend winken ihnen die Biertrinker hinterher. »Arriwedertschi, Piepel!« Am Heck des Umzugswagens zerschellen Pullen und spornen diesen an auf seinem Weg zurück nach Friedrichshain.

Es hat nicht sollen sein. Die jungen Leute haben ihren Traum vom hippen Neukölln versucht, doch die Realität, sprich das hoppe Neukölln, war am Ende stärker. Wo eben Kunst war, ist nun wieder Kacke. Ökonomen würden sagen: »Die Blase ist geplatzt.«

Doch schlaue Worte interessieren hier keinen mehr. Im *Crazy Cross Cologne,* nun wieder *Manne's Futschi-Tempel,* kennt man eine geplatzte Blase allenfalls als Folge überdosierten »Engelhardts«, die schlimmste aller Berliner Biersorten und eine nicht nur für Süddeutsche ungenießbare Kopfwehbrühe.

»Engelhardt macht den Stengel hart, höhö«, zitiert ein Schnauzbart das bekannte Bonmot – am selben Tresen, an dem noch bis vor kurzem adoleszente Hütchenträger Tipps aus dem spanischen *Lonely Planet* austauschten.

»Wo sind denn die ganzen Szenetypen hin?«, wende ich mich an ihn. Ich kann die schnelle Entwicklung nicht begreifen.

»Ach, du meenst die kleenen Klons? Stüften jejang'. Wahrscheinli' ssurück nach Honolulu!«

Exakt. Ich spreche von den »kleinen Clowns«. Oder meint er »Klone«? Egal, für Kalle, so heißt mein Gesprächspartner, macht das wohl keinen Unterschied. Doch dafür erzählt er mir seine Geschichte, ein wahres Lehrstück über »Degentrifizierung«. Bis dahin habe ich nicht einmal geahnt, dass es so etwas überhaupt gibt.

Der Beginn seines Berichts ist traurig. Des Öfteren stockt dem rauen Mann die Stimme: Wie sie anfangs alle von der Entwicklung überrollt wurden, unvorbereitet und hilflos. Von einem Tag auf den anderen hingen in vormals leerstehenden Läden komische Bilder an den Wänden. Vor den Bildern standen Ausländer – »Also so richtije Ausländer mit Stadtplänen, keene Türken!« – herum, und eines Abends war seine Stammkneipe plötzlich mit gemütlichen Sesseln vollgestellt, in denen lauter Kinder mit Schlumpfmützen saßen und unverständliches Zeug schrien. Ein neuer Barmann knallte ihm irgendein exotisches Bier aus Bayern hin und verlangte auf Englisch einen halben Monatslohn dafür.

»Einije meiner Kumpels ham sich damals tatsächli' umjebracht.« Kalle schluckt einen dicken Kloß hinunter, bevor er weiterspricht. Die meisten seien jedoch Hals über Kopf in den Wedding geflüchtet, wo sie wenigstens einen Hauch von Heimat fanden. Andere versuchten in Neuköllner Partnerstädten wie Offenbach, Magdeburg oder Gaza ihr Glück.

Nur Kalle hielt im Untergrund die Stellung. Gemeinsam mit einer Handvoll Exilanten beschloss er eines Tages, zurückzuschlagen. Unter dem Motto »Rioja zu Bärenpils« begann die Gruppe, den selbsternannten Szenekiez zu unterwandern.

Doch von wo aus sollte die »Operation Hundekot« agieren? Schließlich waren die Wohnungen längst mit zahlungskräftigerer Klientel belegt und die Mieten ins Unermessliche gestiegen.

»Janz einfach.« Nicht ohne Stolz zwinkert Kalle mir zu. »Die Wohnjemeinschaften! Wir ham uns ihre Jewohnheiten zunutze jemacht und sie mit ihr'n eijenen Waffen jeschlagen!«

So seien sie langsam in die WGs der jungen Leute eingesickert. Natürlich waren die meisten von der Vorstellung, dass »da so 'n Proll einzieht«, nicht begeistert. Aber sobald man mit Argumenten wie »einfacher Ballina« und »hier vertriem« und »muss do' ooch no' irntwo wohn', blabla ...« ankam, habe es eigentlich immer welche gegeben, »die een uff korrekt jemacht und die andern überredet ham«. Er verstellt seine Stimme: »Ein originaler Autochthone verstärkt die rustikale Authentizität unseres postproletarischen Wohnumfelds, wertet es dadurch auf und passt auch gut zu dem alten Schultheiß-Emailleschild in der Küche, das wir neulich auf dem ›Flowmarkt‹ am Maybachufer abgegriffen haben. Gell?« Eine Zeitlang habe es richtiggehend zum guten Ton gehört, dass sich jede WG ihren Wolle, Ralle oder Hotte hielt.

Kalle schüttelt belustigt den breiten Schädel. »Ooch deshalb, weil die sich selber schon ständi' jestritten ham, wer denn nu wen schentri... na, schentridingsbumst hat: Ob jetze die drei Jahre daen Bayern oder die zwonhalb Jahre daen Schwaben die echteren Neuköllner sind – dassick nich lache.«

Nach und nach habe man schließlich das Kommando übernommen: Zunächst grundsätzlich im Stehen gepinkelt, »aba mittem Rücken zum Klo, vasteht si', wenn übahaupt im Badezimma«, später »ab und zu mal 'ne Thainutte ins Haus bestöllt«, und wenn es dann »Zoff mit den jungen WJe-Weibern jab, uff Artenschutz plädiert«. Am Ende hätten sämtliche Kumpels bei ihm in der Bude gehockt und »een uff Trinkermilljöh jemacht«.

Schelmisch zwinkert er mich an. »Wir ham sojar Messerstechereien fingiert. Dit waren rischti' lange Choreojraphien mit lautem Jebrüll über Mikrofonvastärka und orntli' Kunstblut. Wenn die Wohnis dann Polissei und Feuerwehr jerufen ham, sind die ›Leichen‹ natürli' schnöll jetürmt.«

Parallel dazu liefen zahlreiche andere Partisanenaktionen – es war eine Politik der kleinen Nadelstiche: Kalle und seine Mitstreiter besorgten sich aus einem transsilvanischen Tierheim naturtollwütige Werwolf-Grizzly-Mischlinge, die auf offener Straße die Modeterrier der Szenegirls fraßen. Und sie lernten, Kunst in Frage zu stellen: »Ständi' sindwa in die Jalerien rin und ham jefracht, ob wa da ooch mal 'n Bild uffhäng dürfn, und ham dann so Vernissagen jehabt, nur mit Strichzeichnungen von Pullern und so.«

Die Herrschaft über die Kneipen holten sie sich zurück, indem sie einfach nervten. Dazu genügte meist, einfach nur den Mund aufzumachen. Auch mit den Touristen habe er sich gut unterhalten können, sagt Kalle. »Englisch ha' ick auf Youporn jelernt, Französisch und Spanisch von Rotweinetiketten.« Sie befestigten Dartscheiben an den Wänden, Sparschubladen und schließlich Großbildfernseher, auf denen rund um die Uhr Hertha BSC spielte. Ein zweites Mal, so schwor sich die Kiezguerilla, würde sie keiner mehr von hier vertreiben.

Die Hipsters gaben auf. Am Ende seien die Mieten wieder auf das Niveau »vor Kreuzköllni Jeburt« gesunken, und man habe die ganze Gegend wieder »rischti' schön instandjesetzt«, wie Kalle das sorgfältige Verkommenlassen öffentlichen Straßenraums bezeichnet.

Als er erfährt, dass auch ich selbst ursprünglich Immigrant bin, prostet er mir versöhnlich zu. »Ick hab ja janüscht je'en Fremde«, zitiert er aus »Asterix«, »aber die meisten Fremden sin ehmt nich von hier!«

Kinder an die Macht

Die Dunkelheit bricht herein. Eine unheimliche Stille liegt über dem Park. Links von meiner Laufstrecke erheben sich krächzend zwei Nebelkrähen aus dem kahlen Geäst eines Busches und fliegen mit schwerfälligem Flügelschlag zum nächsten Baum. Zwischen dessen Wurzeln mache ich einen einzelnen Laufschuh aus, braunrot verschmiert liegt er da. Merkwürdig.

Hinter der nächsten Kurve dann ein unerwartetes Hindernis: An die dreißig kleine Kinder, zum Teil mit brennenden Papierlaternen, okkupieren die gesamte Breite des Weges. Es ist kaum ein Durchkommen. Die Drei- bis Fünfjährigen beachten mich nicht, sie sind ganz in ihre Kinderei vertieft. Ich ärgere mich, dass keines der Kinder auch nur einen Zentimeter zur Seite geht. Die vier oder fünf Betreuerinnen lassen sie gewähren. Ich drücke mich abseits des Weges an einem Busch vorbei. Die Dornen ritzen mir leicht die Hand auf. Mist.

Kaum bin ich vorbei, fängt ein kleiner Junge an, neben mir herzurennen. Dann noch einer. Den Blödsinn kenne ich schon. Sie imitieren mich und denken, wir veranstalten ein Wettrennen. Aha, denke ich übellaunig, warum nicht gleich, jetzt nehmen sie ja auf einmal doch Notiz von mir.

»Ihr müsst dann aber schon die ganze Strecke mitlaufen«, versuche ich die Kinder zu erniedrigen, bei geschätzten ein Meter zwanzig Körpergröße ein beinahe aussichtsloses Unterfangen.

Die Knirpse lassen nicht locker. Fast kommt in mir so etwas wie Unmut auf über ihren anmaßenden Versuch, mit mir Schritt zu halten. Was ist bloß mit mir los? Das sind doch nur kleine Kinder, die wollen nur spielen.

Von wegen. Mit einem Mal springt mich einer der Kleinen aus vollem Lauf an und krallt sich fest in meine Hose. Überrascht schreie ich auf, doch er lässt nicht locker. Ich sehe an mir hinunter und direkt in ein todernstes und zu allem entschlossenes Gesicht hinein. Das sind nicht die Augen eines Kindes, ja, nicht einmal die Augen eines Erwachsenen. Es ist, als blickte ich in die funkelnden Lichter eines Raubtiers. In meinem Rücken schwillt vielfüßiges Getrappel an. Ohne mich umzudrehen, weiß ich: Jetzt rennen sie alle, sie sind hinter mir her.

Ich versuche, die aufkommende Panik zu unterdrücken. Das ist doch lächerlich – meine Güte, diese kleinen Wichte! Ich komme mir so albern vor. Wie um mich zu beschwichtigen, lache ich laut. Doch das Gelächter klingt heiser und künstlich. Kein Pfeifen im Wald, sondern ein Lachen im Park. Angst.

Und mitten in dieses falsche Lachen hinein springt mich das nächste Kind an. Ich fühle, wie sich ein scharfkantiges Plastikschäufelchen unangenehm in meinen Schenkel bohrt. Notgedrungen muss ich das Tempo verlangsamen, so dass ein drittes, ein viertes Kind sich an mein Sweatshirt hängen kann und ich ins Straucheln gerate. Noch ein Schäufelchen, dann ein knubbeliger, harter Gegenstand. »Der Messer-schlumpf!«, fährt es mir durch den Kopf, au, das tut weh!

Die Vorhut hat mich erreicht, ich sehe ihre Schatten im Halbdunkel behände neben mir herhuschen. Weitere Kinder springen mit erstaunlichen Sätzen an mir hoch und versuchen, mich zum Sturz zu bringen. Ich spüre ihren heißen Atem, der nach Hubba Bubba und Gummibärchen riecht.

Endlich weiß ich, was die Stunde geschlagen hat. »Jetzt bloß nicht fallen«, schießt es mir durch den Kopf, »dann kommst du nie mehr hoch, dann haben sie dich.« Es gelingt mir, ein kleines Mädchen abzuschütteln. Wütendes Weinen ist die Folge, fast klingt es wie Wolfsgeheul, das Lautgeben eines Welpen, der das Rudel zu Hilfe ruft. Das Trappeln in meinem Rücken wird lauter, deutlicher, sie kommen immer näher.

Ich versuche, schneller zu laufen, doch die Kinder sind zu schwer. Eben noch habe ich sie aufgezogen, weil sie mit mir um die Wette rennen wollten: Sollte das der entscheidende und – die erschreckende Erkenntnis senkt sich wie ein eisiger Dolch in mein Hirn – der möglicherweise tödliche Fehler gewesen sein?

Ich bin ein ausgewachsener Mann, doch gegen dreißig Blagen habe ich nicht den Hauch einer Chance. Wie ein gehetztes Reh knicke ich schließlich zu Boden, und sofort fallen sie über mich her. Kleine, spitze Milchzähnchen rammen sich in meinen Hals, reißen mir Fleischfetzen aus dem Rücken, dünne Ärmchen schlingen sich wie Pythons um meinen Leib.

Endlich sind die Erzieherinnen bei uns. »Kinder.

Lasst doch den Blödsinn, wir müssen zurück«, höre ich sie sagen, als ich halb ohnmächtig am Boden liege. Quengelnd lassen die kleinen Teufel von mir ab.

»Das Licht ist aus, wir gehen nach Haus, rabimmel rabammel rabumm«, vernehme ich in der Ferne ihren leiser werdenden Gesang, während warmes Blut stoßweise aus meiner durchgebissenen Halsschlagader gluckert. Fast dunkel ist es nun im Park. Irgendwo da hinten liegt mein Schuh. Meine Lider werden schwer. Und dann bin ich tot.

Glossar

ALDI: Billigkaufladen. Abkürzung für »Arme Leute Danken Ihnen«. Da kauft ein, wer sich »anständiges Essen« nicht leisten kann, will oder muss, weil er schon andere Sachen richtig macht.

Anglerhut: Spießiger Altmännerhut, der neuerdings vorwiegend von unspießigen jungen Männern getragen wird (ironischer Bruch! Kann man durchaus machen!). In der → Szene mutmaßlicher Feldbereiter für Schlafmütze, Leibbinde, Hackenporsche und hartgekochte Eier als Reiseproviant.

Ankerklause: → Szenekneipe unweit der → Kottbusser Brücke. Ältester Brückenkopf Kreuzbergs in Neukölln, schon lange vor der ersten allgemeinen → Gentrifizierung.

Berlin: Gilt als »arm, aber sexy«. Wird in diesen Punkten nur von Neukölln, Brasilien und Studentinnen der Kulturwissenschaft übertroffen.

Berlin-Marathon: Alljährlicher großer Herbstmassenprotest gegen die Berliner Verkehrsbetriebe. Über dreißigtausend Menschen stimmen auf Schusters Rappen gegen die Benutzung von → U-Bahn, → S-Bahn, → Straßenbahn und → Bus ab.

Britz: Zum Bezirk gehörender Vorort von Neukölln, zum Großteil zugunsten einer vollkommen überflüssigen Stadtautobahntrasse abgerissen. Nicht zuletzt deswegen gilt der Britzer als Fundamentalfatalist.

Bürgeramt: → Früher, als die Begriffe noch preußisch waren, also uncharmanter und zugleich ehrlicher, hieß das B. »Meldestelle«. Dort meldet sich nach wie vor jeder, der meldepflichtig ist, also sämtliche Einwohner überhaupt. Entsprechend viel ist dort los.

Bus: Gemütlichstes Verkehrsmittel Berlins. Unten schreit der Busfahrer, und auf dem Oberdeck spielen die Schulkinder mit ihren → Butterfly-Messern.

»Butterfly«-Messer: Der zum ständigen Spielen verleitende unverwechselbare Schnappmechanismus des Messers macht es zu einem Instrument meditativen Zeitvertreibs. Folglich ist das B. für den unartigen Jugendlichen, was der Rubik's Cube dem Langweiler, die Gebetskette dem Gläubigen und die Zigarette dem Idioten ist.

Café Rix: Großes Café im klassischen Kaffeehausstil an der Karl-Marx-Straße, der Neuköllner Prachtmeile für Arme. Hier trifft sich die Neuköllner Boheme, als da sind: »der dichtende Klempner« Horst Bölky, der greise Stadtrat Peter Schmidtchen und die Ulknudel Ulla Gerberich.

Dachgartenrestaurant: Karstadts gute Stube am Hermannplatz. Hier treffen sich die Völker der Welt. Edelleute schleichen über den Dächern Neuköllns auf leisen Sohlen durch Wandelhallen voller warmer und kalter Delikatessen, betreut und beraten von herausragenden Kräften der Gastronomie. Sanft schmatzend sitzen sie schließlich drinnen oder draußen, auf Stühlen mit vier Beinen an großartig praktischen Tischen und blinzeln in die Sonne oder in den Regen. Ein Fest der Sinne und des guten Geschmacks.

Eckkneipe: Klassische Berliner Schankwirtschaft. Besonders häufig in ehemaligen Arbeitervierteln wie Neukölln. Die praktische Lage an der Ecke hilft dem Betrunkenen, da er nach dem Verlassen der E. meist einen Blick auf eine markante Kreuzung hat, bei der Orientierung für den Heimweg.

Engelhardt: Mit vollem Namen »Engelhardt Charlottenburger Pilsener« aus dem Hause Schultheiß. Vollkommen ungenießbar und daher auch »Gift der Spree« genannt.

Flashmob: Viele – vor allem junge – Menschen verabreden sich kurzfristig, um massenhaft dasselbe zu machen. Nicht zu verwechseln mit: Ferien, Nationalsozialismus, → Kasper.

Flowmarkt: Eigentlich ein Flohmarkt am Landwehrkanal, aber wenn man die Dinge umbenennt, grooven sie oft einfach mehr (Twix, BRD, → »Kreuzkölln«). Es gibt vor allem viel Selbstgebasteltes zum Angucken und In-die-Hand-Nehmen.

Freiluftkino Hasenheide: Das inmitten der → Hasenheide gelegene Amphitheater ist das schönste Freiluftkino der Stadt mit dem gleichzeitig schlechtesten Programm. Kommt mal was Gutes, regnet es garantiert.

Friedrichshain: Nirgends in Berlin verläuft die Trennungslinie zwischen *Schöner wohnen* (→ Gentrifizierung), → Szene und national befreiter Ostzone so hart wie hier. Hälfte des Doppelbezirks Kreuzberg-Friedrichshain.

Früher: Ach, früher …

Fußmatte: Pflicht vor Wohnungstüren. Gerne mit launigen Motiven wie »Hax'n abkratz'n« oder »Heimspiel«. Wer keine F. vorweisen kann, wird der Wohn-

und Bürgerrechte enthoben und mit einem lustigen Hütchen auf dem Kopf rückwärts auf einem Esel sitzend zur Stadt hinausgetrieben.

Gentrifizierung: Stadtentwicklungsautomatismus. In einer schlecht beleumdeten Gegend wie Neukölln machen arme Künstler mithilfe von drei alten Stühlen und einer Lavalampe aus Hundefutterläden → Szenekneipen und auf diese Weise aus sozialen Brennpunkten → Trendviertel. Selbst wer nicht auf → Eckkneipen steht, kann nun endlich auch mal um die Ecke ausgehen. Wird das Trendviertel jedoch zu trendig, steigen die Mieten. Reiche Künstler (Nigel Kennedy, Bill Gates, Uli Hannemann) übernehmen die Wohnungen und Läden der wegen der teuren Mieten geflohenen armen Künstler. Weil sich die Neuen des alten Rufes wegen schämen, in Neukölln zu wohnen, benennen sie es einfach um: → »Kreuzkölln«.

Gesundheitsamt: Guckt in alle Ecken, Schubladen und Zapfhähne hinein. Großer Feind der kleinen schwarzen Käfer.

GEZ-Kontrolleur: Heimtückischer Trickbetrüger, der angebliche »Gebühren« eintreibt für quotengeile Staatsfernsehprogramme, die ihrem Qualitätsauftrag dann doch nicht nachkommen. Doch letztlich ist auch der arme G. nur ein Opfer und kleiner Söldner eines verlogenen Systems.

Handwerker: Scheues Wild, das sich praktisch rund um die Uhr hinter der schützenden Warteschleife der → Hausverwaltung verborgen hält. Hat man ihn jedoch nach langen Mühen zu einem ersten Hausbesuch bewegen können, so wird er sehr schnell anhänglich und kommt verlässlich wieder (vergessenes

Werkzeug, zu bestellende Ersatzteile, fehlerhaft aus-
geführte Reparaturen). Er zieht es nämlich vor, das
bekannte Revier zu durchstreifen, anstatt sich erneut
in als feindlich empfundene neue Lebensräume zu
wagen. So zieht man sich mit entsprechender Geduld
oft einen treuen kleinen Freund fürs Leben heran.

Hasenheide: Neuköllner Volkspark. Hier hängt die Bevölkerung ab, geht ins → Freiluftkino, kauft oder ver-
kauft (in der Regel weiche) Drogen. Der erste deutsche Turnplatz dient exakt zweihundert Jahre nach
Errichtung (→ Turnvater Jahn) vermehrt wieder seinem ursprünglichen Zweck. Die entsprechende Nut-
zung erfolgt meist durch → Kasper.

Hassköter: Hässliche, starke Hunde, deren Besitzer
ohne sie anscheinend sehr viel Angst haben. Da der
Begriff »Kampfhund« als ungenau und pauschalisie-
rend gilt, passt H. einfach besser.

Haus des Rundfunks: Dinosaurier der Sendegebäude.
Beherbergte damals den SFB (davor vermutlich den
Reichsfunk) und heute den RBB (Fernsehen sowie
zahlreiche charismatische Rentnerradioprogramme
wie Berlin 88,8 – eine selbstironische Anspielung auf
das Durchschnittsalter des Zielpublikums). Verfügt
sogar noch über einen Paternoster.

Hausverwaltung: Wenn in der Mietwohnung etwas kaputt ist, ruft der Mieter die Warteschleife von der H.
an. Je nachdem, welche Musik dort gespielt wird, wird
der Mieter früher oder später verrückt. Der Wahnsinn
tritt aber in jedem Fall ein, bevor jemand von der H.
den Hörer abhebt.

Helmholtzplatz: Musterbeispiel für vollendete → Gentrifizierung. Mit seinen rund vier Quadratkilometern
bildet das Areal die größte halb überdachte Elitekin-

dertagesstätte der Welt. Sogar für umfangreiche Erwachseneneinrichtungen wie Frühstückscafés, Tinnefläden und Büros ist gesorgt, in denen die Eltern sicher aufgehoben sind, während die Kids ihrer Ausbildung nachgehen: Frühchinesisch, Frühkarate, Früh-HTML.

Herrentag: Auch Vatertag, Männertag (Osten) oder Christi Himmelfahrt. An diesem Tag setzen sich Horden bösartiger Irrer in kindische Bollerwagen, trinken Alkohol, bis ihnen schlecht wird, oder verprügeln Ausländer auf der Straße. Meistens alles auf einmal. Wer behauptet, das sei kein Zeichen guter Laune, sondern der kollektive Offenbarungseid eines ganzen Geschlechts aus Frustration und Minderwertigkeitskomplexen, bekommt selber eine aufs Maul.

Hobrechtstraße: Völlig unbedeutende Nebenstraße Neuköllns. Im Zuge der → Gentrifizierung wächst dort eine angesagte passable Ausgehmeile heran. Siehe auch → Szenekneipe.

Hobrechtbrücke: Verlängerung der parallel zur Hobrechtstraße gelegenen Friedelstraße über den Landwehrkanal.

Höllowien: Original »Halloween«. Der einst am Vorabend von Allerheiligen begangene christliche Brauch irischen Ursprungs wurde in Neukölln mit Elementen aus Atheismus, Scharia und Schwerkriminalität hiesigen Umständen und Bedürfnissen angepasst.

Joggen: Volkssport. Hieß früher »Wegrennen«. Sollte das J. eines Tages olympisch werden, empfiehlt sich die Unterteilung der Disziplinen in 10 Kilometer Hundekot-Slalom, Hundeleinen-Achter mit Oma-Steuermann und Drogen-Orientierungslauf.

Kasper: Jonglierer, Balancierer und sonstige Aus-

übende von »allerley Klaunswerck und Gaukeley«
(Walther von der Hasenheide). Besonders an Wochenenden zunehmend in der → Hasenheide zu besichti-
gen. Gab es → früher nicht.

Kiez: Dorfähnliche Untereinheit der Wohngegend, die
zur Verringerung des individuellen Verlorenheitsge-
fühls im ansonsten unfassbar anonymen Moloch Me-
tropole dient. Besonderes Kennzeichen: die → Eckkneipe. Wer hier gesiezt wird, gehört nicht dazu.

Kiezstreifen: Patrouillen des Ordnungsamts im → Kiez.
Passen auf, dass alle alles richtig machen.

Knallhart: Spielfilm von Detlev Buck aus dem Jahr
2006: Ein Junge muss nach Neukölln ziehen, weil
seine Mutter zu dick ist, und wird dort von Inten-
sivjugendlichen mit → Migrationshintergrund verhauen.

Kollwitzplatz: Warum es den → Helmholtzplatz unter
anderem Namen ein zweites Mal gibt, wissen wohl
nur die, die ihn erfunden haben.

Kottbusser Brücke: Brücke über den Landwehrkanal,
die die Grenze zwischen Kreuzberg und Neukölln
kennzeichnet. Früher verlangten hier Punker von rei-
senden Händlern Wegezölle. Daneben liegt die → Ankerklause.

Kreuzkölln: Neuerdings hippe Gegend im Norden
Neuköllns an der Grenze zu Kreuzberg. Von Angel-
und Niedersachsen (um nicht immer den → Schwaben zu strapazieren) kreierte alberne Kunstbezeich-
nung für das Viertel zwischen Kottbusser Damm,
Sonnenallee und Maybachufer. Steht im Mittelpunkt
der Gentrifizierungsdebatte und gilt inoffiziell als
achtzehnte autonome Region Spaniens. Daher auch
im → *Lonely Planet* aufgeführt.

Lonely Planet: Ein internationaler Reiseführer für →
Szenekneipen, Surfershops und Brücken mit lusti-
gem Gewimmel. Wer die darin vorgeschlagenen Orte
konsequent meidet, bleibt zwar allein, ist dafür aber
niemals einsam.

Mauerpark: Begrünter Todesstreifen (Glasscherben,
Hundescheiße, Trommler und hochexplosive Laber-
säcke) zwischen den Berliner Ortsteilen Wedding
und Prenzlauer Berg.

Migrationshintergrund: Die Rechtschreibhilfe von
Windows XP kennt das Wort ebenso wenig wie →
Multikulti. Das sagt eigentlich schon alles.

Mitte: Antipode Neuköllns im Zentrum Berlins. Tou-
ristenzoo. Gilt als abschreckendes Beispiel für die
mögliche Entwicklung → Kreuzköllns.

Mops: Seit ein paar Jahren ist der anachronistische
Schoßhund auf einmal wieder schwer im Kommen.
Logisches Resultat einer Welt, in der Mode ihre Be-
stimmung nur noch im gebrochenen Zitat ihrer selbst
findet (siehe auch → Anglerhut).

Multikulti: Ein Phantasiewort, das im Grunde gar
nichts bedeutet. M. ist angeblich trotzdem gescheitert.

No-win-Situation: In welche Richtung und wie sehr
man sich auch bemüht – es geht immer daneben (Si-
syphos, Hiob, Dieter Hoeneß).

Pannierstraße: Bedeutende Nebenstraße Neuköllns.
Wohl keiner anderen Straße → Berlins gelingt derart
elegant und mühelos der Spagat zwischen Pracht-
boulevard und Saumtierpfad.

Pornobrille: Auch »Pilotenbrille«, »Atzenbrille«. Große
Gläser, kleine Wirkung.

S-Bahn: Größte Lachnummer Berlins seit Dieter Hal-
lervorden.

Schlumpfmützen: Riesige Wollsocken, die auch im Sommer und in geschlossenen Räumen auf dem Kopf getragen werden, tendenziell ein wenig häufiger von Mädchen.

Schönefeld, Flughafen: Der direkt vor den südlichen Toren der Stadt gelegene Airport vor allem für Billigfluglinien ist zugleich auch Standort für den in Bau befindlichen Großflughafen BBI (»Berlin Brandenburg International«). Bislang nach Patras/Araxos (ein einziges Waschbecken, das nicht funktioniert; nachts muss man klingeln) der bescheidenste mir bekannte Flughafen Europas.

Schönleinstraße: Station an der → U-Bahn (Linie 8). Ausgangspunkt für Kneipenbummel durch → Kreuzkölln beziehungsweise die → Hobrechtstraße.

Schwabe: Sprichwörtlicher Sündenbock für alles, was in → Berlin schlechter ist als → früher: Siehe → Gentrifizierung, → Mitte, → Kreuzkölln und → Kasper. Soll sogar verantwortlich sein für das schlechte Programm im → Freiluftkino → Hasenheide. Der Ursprung des Schwaben-Bashings liegt vermutlich in den 70er und 80er Jahren, als tatsächlich viele S. zuwanderten. Heute statistisch erstaunlich vernachlässigbar, benutzen Zugezogene aus anderen Regionen Westdeutschlands den S. dennoch gerne als Schutzschild, um von sich selber abzulenken.

Seitenflügel: In einem typischen Berliner Mietshaus aus der Gründerzeit befinden sich im Vorderhaus die großen Wohnungen mit den anständigen Leuten und im den Hof begrenzenden Seitenflügel beziehungsweise dem dahinterliegenden Quergebäude (»Gartenhaus«) die kleinen wabenähnlichen Wohnungen voller wimmelnder Ruhestörer. Also sozial und architektonisch strukturiert wie bei den Bienen oder Ameisen.

St.-Thomas-Friedhof: Großer Friedhof an der Hermannstraße. Ein Teil des Areals ist mittlerweile Hundeauslaufgebiet. Jedes Tier bekommt hier garantiert seinen eigenen Knochen.

Straßenbahn: Tückisches Ostverkehrsmittel, auch »Der leise Tod« genannt. Vorne im Führerstand sitzt grüßend Freund Hein.

Szene: Lebt in der → Szenekneipe. Arbeitet an verschiedenen Optionen. Wohnt in Kreuzberg, → Kreuzkölln oder → Friedrichshain. Schläft nie.

Szenekneipe: Das Bier gibt es nur in Flaschen. Überdies existiert offenbar eine Ausnahmegenehmigung (Green Card? Joker? Lizenz zum Töten?) vom → Gesundheitsamt. Für die kleinen schwarzen Käfer ist jeder neue Tag ein rauschendes Fest.

Teppichdomäne: Der → ALDI unter den Teppichgeschäften. Bietet auch Renovierbedarf, Dosensuppen und billiges Spielzeug an. Im Krieg gab's noch weniger.

Tierpark Neukölln: Streichelgehege in der → Hasenheide, das plötzlich und unverhofft mit dem Titel »Tierpark« geadelt wurde. Aber das Beförderungsprinzip »Alter vor Leistung« kennt man ja auch aus vielen anderen Bereichen.

Trendviertel: Da wollen die meisten gern hin, weil sie glauben, dass es da besonders schön ist und sie vielen Gleichgesinnten begegnen, weil die da auch hinwollen, weil sie glauben, dass es da besonders schön ist und sie vielen Gleichgesinnten begegnen … Ach, ich glaube, ich kriege das Buch auch so voll …

Turnvater Jahn: Mann von Sportmutter Janine und

Vater der Turnkinder Kemal und Mandy Jahn. Begründer des ersten deutschen Turnplatzes auf dem Gelände des heutigen Volksparks → Hasenheide.

U-Bahn: Wie ein russischer Panzer. Fährt tatsächlich bei jedem Wetter.

Win-win-Situation: Egal wie die Situation ausgeht – es bleibt immer ein Gewinn. Spezialisten für Win-win-Situationen sind zum Beispiel die Fifa, die US Army und Hollywood. Das Gegenteil ist die → No-win-Situation.

Wirtshaus Hasenheide: Adresse für gutbürgerliche Küche aus gekochten und gebratenen Schweinen. Spezialität: Gegrillter Schweinkram mit Schnaps. Am Sonntag steht der Brunch auf den Billardtischen. Zehntausend Leute finden Platz.

Zivilcourage: Weniger essen, viel frische Luft und öfter mal einen Apfel. Und möglichst nicht → U-Bahn fahren.